Petra Focke / Hermann Josef Lücker
Kinder-Bibeltage

*Wir widmen dieses Buch den Menschen unserer Pfarrgemeinde
St. Johannes Baptist in Molbergen.
Dankbar sind wir für die Wegbegleitung!*

Beispiele für Gruppenarbeit und Gottesdienste

Petra Focke
Hermann Josef Lücker
Kinder-Bibeltage

Herder
Freiburg · Basel · Wien

Umschlaggestaltung: Finken & Bumiller, Stuttgart

mit einer Illustration von Constanza Droop

Zeichnungen: Ulrike Schmincke

Herstellung: Freiburger Graphische Betriebe 2000

Gedruckt auf umweltfreundlichem,

chlorfrei gebleichtem Papier

ISBN 3-451-27332-2

Inhalt

Einleitung

In vielen Gemeinden werden seit etlichen Jahren Kinderbibeltage und Kinderbibelwochen organisiert und durchgeführt. Unzählige ehren- und hauptamtliche MitarbeiterInnen engagieren sich mit viel Liebe und Tatendrang und sind oftmals mit Feuer und Flamme dabei, den Kindern positive und ansteckende Glaubenserfahrungen zu ermöglichen. In diesem Buch finden alle Freunde von Kinderbibeltagen ausgearbeitete und praxiserprobte Konzepte für Kinderbibeltage. Die Entwürfe für Kinderbibeltage, die in diesem Band vorgestellt werden, wollen neutestamtentliche Texte und Themen spielerisch vermitteln. Jesus Christus und seine frohmachende und heilende Botschaft steht dabei im Mittelpunkt. Er, der sich immer wieder in der Begegnung mit Menschen offenbart, zeigt sich den Kindern in der Zuwendung der MitarbeiterInnen, in der Gemeinschaft von Jung und Alt, in der Erfahrung der Kinder, so sein zu dürfen wie sie sind. Kinder, Jugendliche und Erwachsene leben und erleben lebendigen Glauben, erleben, dass Kirche Spaß und Freude machen kann, sind fasziniert von der Sache Jesu.

In altersmäßig strukturierten Gruppen können die Kinder biblische Geschichten nacherleben, nachspielen, durch gezielte kreative Aktionen vertiefen und durch gemeinsames Singen und Feiern intensivieren. Die Kinder sind somit am biblischen Geschehen emotional und aktiv beteiligt und können es durch Aktualisierungen in ihr persönliches Leben übertragen.

Die hier vorgestellten Kinderbibeltage schließen mit einem Gottesdienst für die ganze Gemeinde. Die Inhalte der Kinderbibeltage werden der ganzen Gemeinde noch einmal zusammenfassend vorgestellt und gemeinsam mit vielen Glaubenden wird ein Kinder- und Familiengottesdienst gefeiert. Die Kinder erleben auf diese Weise, dass sie zur Kirche gehören, dass sie Kirche lebendig und entscheidend mitgestalten.

Die jeweiligen Entwürfe und Konzepte ermöglichen eine einfache und schnelle Umsetzung. Sie sind so gestaltet, dass sie einerseits unmittelbar übernommen werden können. Ebenso können sie als erweiterungs- und veränderungsfähige Bausteine betrachtet werden, die sich flexibel in andere Zusammenhänge integrieren lassen. Wir wünschen uns, dass die Kreativität der jeweiligen MitarbeiterInnen nicht unterbunden wird und sie entsprechend den örtlichen Gegebenheiten eigene Ideen einbringten.

Oftmals werden die Kinderbibeltage gerade durch das schöpferische und visionäre Träumen vieler unterschiedlicher MitarbeiterInnen zu einem unvergesslichen Erlebnis – für die Kinder und für die jugendlichen und erwachsenen MitarbeiterInnen.

Wir möchten uns bei allen bedanken, die durch das Einbringen ihrer Ideen und Vorschläge, ihr kreatives Mit-tun, die durch ihr persönliches Engagement immer wieder zum Gelingen der Kinderbibeltage beitragen. Unser Dank gilt allen, die – vielleicht ohne etwas davon zu ahnen –, prägende Eindrücke auf dem Glaubensweg der Kinder hinterlassen haben. Gott-sei-Dank – für die vielen, die mit uns auf dem Weg sind, die ihr Leben, ihren Glauben teilen, die be-wegen, die auf-brechen, die be-rühren, die unseren Gemeinden Farbe geben – die unsere Kindern entdecken lassen: es macht Spass, gemeinsam Gott zu feiern, mit Jesus unterwegs zu sein und sich be-geist-ern zu lassen!

Was wären Kinderbibeltage ohne Kinder. Wir erinnern uns nur zu gern an all die Situationen und Augenblicke, die wir gemeinsam erlebt haben, die schön waren, in denen wir uns mit und an den Kindern gefreut haben. So möchten wir insbesondere Ihnen in dankbarer Freude sagen: Schön, dass ihr da seid! Schön, dass es euch gibt!

Frau Ulrike Schmincke sei ein herzliches Dankeschön an dieser Stelle für die Illustrationen gesagt.

Wir sind allen dankbar, die mit diesen Texten arbeiten oder sich davon anregen lassen, uns entsprechende Rückmeldungen (Kritik und Lob) zukommen lassen würden. Gerne nehmen wir weitere Ideen, Aktionen und Träumereien auf.

Wir wünschen allen Freunden von Kinderbibeltagen Gottes bewegenden Geist, der uns Ideen und Fantasie schenkt, der uns Mut macht, mit Begeisterung und Faszination lebendige Gemeinde mitzugestalten.

Molbergen im August 2000

Petra Focke, Dipl. Sozialpädagogin
Hermann Josef Lücker, Vikar

Glauben leben und erlernen

Eine Bereicherung für unsere Kinder

Kinderbibeltage lassen Kinder lebendigen Glauben erleben. Sie erfahren Kirche als Gemeinschaft von Menschen, die sich an ihnen und mit ihnen freut. Im Umgang miteinander erfahren, sehen und spüren die Kinder, was es bedeutet, Jesus zu vertrauen, Jesus zu lieben und ihm nachzufolgen. Kinderbibeltage bieten die Chance, Kindern ganzheitliche Erlebnisse mit den Evangelien zu vermitteln. Die Kinder lernen Glaubensinhalte kennen und lieben, sie erfahren und deuten Symbole des christlichen Glaubens. Bei Kinderbibeltagen werden biblische Geschichten spielerisch und kreativ vertieft und mit den Alltagserfahrungen von MitarbeiterInnen und Kindern verknüpft. So ermöglichen sie es Kindern, Jugendlichen und Erwachsenen, Glauben umfassend zu erfahren.

Aktionen, Spiele und Feiern sprechen Menschen ganzheitlich an. Kinder brauchen Vertrauen, Annahme, Geborgenheit, Zuwendung und Liebe. Ist die Beziehung zwischen MitarbeiterInnen und Kindern davon geprägt, kann sie eine Brücke zum Verständnis der biblischen Botschaft werden und die Liebe und Zuwendung Gottes zu unseren Kinder spürbar und erlebbar.

Die Kinder erfahren etwas über Gott, wenn sie mit Menschen zusammen sind, mit ihren Familien, mit ihren Freunden. Sie erfahren den liebenden Gott, wenn sie bei Menschen Liebe, Zuwendung und Geborgenheit erleben. Sie erfahren den sorgenden Gott, wenn sie von Menschen umsorgt und angenommen werden. Sie erfahren den beschützenden Gott, wenn sie beschützt und behütet werden. Sie erfahren den friedvollen Gott, wenn sie Freundschaft und Wohlwollen erleben. Die Kinder erfahren und erleben den guten Gott in Menschen, durch Menschen, mit Menschen, in einem lebendigen und fruchtbaren Miteinander. Wir können nicht von Jesus als vertrauenswürdigem Freund sprechen, wenn wir den Kindern nicht zeigen, was es heißt ein Freund zu sein, wenn sie nicht erleben, wie ein freundschaftliches Miteinander aussieht.

Letztlich erleben Kinder Kirche einmal anders, als sie es vielleicht bisher gewohnt sind. Kinderbibeltage bieten ihnen die Chance, einen Weg zum Glauben zu entdecken, Gemeinschaft zu erfahren und mit der christlichen Botschaft in Kontakt zu kommen. Die hier dargestellten Modelle für Kinderbibeltage schließen alle mit einem Kinder- und Familiengottesdienst, in dem auch die Erwachsenen angesprochen und beteiligt werden. Kinder und Eltern, Jung und Alt bilden eine feiernde Gemeinschaft und entdecken vielleicht die Gemeinde als Ort, wo sie sich wohl fühlen können. Vielleicht merken Sie: es lohnt sich mitzumachen. Vielleicht finden Sie Freude am Glauben.

Die Bedeutung der Kinderbibeltage für Jugendliche und erwachsene BegleiterInnen der Kinder

Bei den Kinderbibeltagen geht es uns nicht nur darum, den Kindern einfach einen biblischen Inhalt zu vermitteln. Vielmehr sind wir aufgerufen, die Kinder ernst zu nehmen, ihre Fragen zu beantworten, an ihrer Freude und Begeisterung teilzunehmen. Während der Kinderbibeltage, in der Gemeinschaft erleben Kinder und BegleiterInnen das Eigentliche der frohmachenden Botschaft Jesu. Nicht selten können die BegleiterInnen von Kindern lernen und profitieren. Sie erleben die Unbeschwertheit, mit der Kinder über ihren Glauben sprechen, über das bedingungslose Vertrauen, das sie Jesus entgegenbringen.

Kinderbibeltage sind somit nicht allein für die Kinder eine Chance, lebendigen Glauben zu leben, zu erleben. Kinderbibeltage bieten ebenso den Erwachsenen Impulse für ihren persönlichen Glaubensweg. Sie können zusammen mit den Kindern den Glauben als Bereicherung für ihr Leben erfahren. Durch die intensive Auseinandersetzung mit den Themen der Kinderbibeltage erleben die Mitarbeiter und Mitarbeiterinnen diese Tage als sehr gewinnbringend für den eigenen Glaubensweg. In der Vorbereitungsphase werden sowohl praktische und organisatorische Abläufe als auch theologisch inhaltliche Problemstellungen erarbeitet. Im Anschluss daran erfolgt für alle MitarbeiterInnen ein Abend, an dem das jeweilige Thema der Kinderbibeltage in Form eines meditativen Glaubensimpulses ganzheitlich erschlossen wird. Die persönliche Auseinandersetzung, der Austausch von Glaubensfragen, die kritische Reflexion von tradierten Glaubenserkenntnissen ist unerlässlich für eine authentische Vermittlung der Inhalte an die Kinder.

Oft haben wir gerade bei den jugendlichen MitarbeiterInnen die Erfahrung gemacht, dass sie sich offen und kreativ mit den Inhalten der Kinderbibeltage auseinandersetzen. Diese jungen Menschen haben dann auch den inhaltlichen Prozeß aktiv und bereichernd unterstützt. Den Kindern tat es gut, auch Jugendliche zu erleben, als Menschen, denen der Glaube – die Kirche – wertvoll ist.

Kinderbibeltage können uns ermuntern, zusammen mit den Kindern den Glauben als Bereicherung für unser Leben zu erfahren.

Aber nicht nur die Mitarbeiter und Mitarbeiterinnen schätzen Kinderbibeltage mit ihren vielfältigen Handlungsmöglichkeiten. Viel-fach fühlen sich Eltern heute den religiösen Fragen ihrer Kinder entwachsen und sehen sich nicht in der Lage, sie kompetent zu beantworten. Die Vermittlung von Glauben und Religion obliegt den Verantwortlichen in Schule und Kirche: ReligionslehrerInnen, PastoralreferentInnen, Geistlichen. Trotz der zunehmenden Zurückhaltung gegenüber der Kirche und ihren Gottesdienstangeboten gehört für nicht wenige Eltern die religiöse Erziehung durch die Kirche dazu – wenn auch oftmals nur als »Konsumangebot«.

Immer wieder haben wir die Erfahrung gemacht, dass Kinderbibeltage auch die Eltern wieder neu ansprechen, wenn mit kindgemäßen Methoden einfache und grundlegende Glaubensinhalte vermittelt werden. Gerade kirchenfernen Familien bieten Kinderbibeltage eine Brücke zurück zur Gemeinde. Nicht zuletzt der feierliche Familiengottesdienst zum Abschluss der Kinderbibeltage bietet für sie neue Anknüpfungspunkte, um über Glauben nachzudenken, um Glauben einen Platz in ihrem persönlichen Leben zu geben. Die Gottesdienste sind kindgerecht gestaltet durch symbolische, szenische und erzählerische Elemente, die sowohl die Kinder als auch die Erwachsenen ansprechen.

Bei unseren Kinderbibeltagen werden somit nicht nur die Kinder, sondern auch Jugendliche und Erwachsene angesprochen und beteiligt. Kinder und Eltern, Jugendliche und junge Erwachsene, Frauen und Männer bilden eine große Gemeinschaft – eine Gemeinschaft, die miteinander feiert und Glauben lebendig verkündet.

Einleitung:

Gemeinsam entdecken die Kinder[1], wieviel Spuren Jesus in unserer Welt hinterlassen hat. Sie werden während dieser Kinderbibeltage dahin geführt, Jesus in allen seinen Dimensionen wahrzunehmen. Die Kinder erfahren aber auch, dass es nicht immer leicht ist, Spuren von Jesus zu folgen. Sie bekommen eine Ahnung davon, was es heißt Jesus nachzufolgen, auf seinen Spuren zu bleiben. Sie lernen Jesus als den Menschen kennen, der vielen Menschen Heilung schenkt. Jesus, der sich mit seiner unendlichen Liebe Menschen zuwendet, die seine Nähe und Zuwendung besonders brauchen. In der Zuwendung zu Kindern, zu Kranken und Alten, zu einsamen und traurigen Menschen wird Gottes Liebe spürbar und erfahrbar.

Kinder erkennen Jesus als den Menschen, der das Gespräch mit seinem Vater sucht, der betet. Sie erfahren, dass Beten Gemeinschaft stiftet – Gemeinschaft mit unserem Vater im Himmel. Durch Jesus spricht Gott: Er zeigt uns in seinem Leben und in seinen Worten, wie wir leben sollen. Deshalb sind wir immer wieder aufgerufen, seinen Worten zu lauschen, genau hinzuhören, seine Stimme in uns wahrzunehmen.

Die Kinder machen die Entdeckung, wie gerne Jesus bei Menschen einkehrt und mit ihnen Mahl hält. Jesus teilt sich den Menschen mit, er teilt sein Brot mit ihnen, er teilt sein Leben mit ihnen.

Und letztlich erleben die Kinder in den biblischen Geschichten und Erzählungen einen Gott, der ihnen Liebe, Schutz und Leben schenkt. Glaubhaft und erfahrbar wird dieser Gott in Menschen und Ereignissen, in denen wir Spuren seiner Liebe entdecken.

---

1   Vgl.: Kursawa, Franz Schwalmtal: Kinder-Bibel-Tage: Erzählen, Basteln, Spielen, Malen und Singen für Kinder im Grundschulalter: Jesus auf der Spur, 1997

Meditativer Glaubensimpuls für die MitarbeiterInnen

→ **Vorzubereiten:**
- ❏ Meditative Musik
- ❏ farbige Fußspuren aus Tonpapier ausschneiden (**M 1**)
- ❏ Verbandszeug und Krücke
- ❏ Gotteslob und Bibel
- ❏ Fladenbrot zum Verteilen
- ❏ Stifte

Es wird ein Stuhlkreis gebildet.
Die Mitte ist gestaltet mit einer Decke –, einer brennenden Kerze
und den oben genannten Gegenständen.

Begrüßung

Gebet:
Guter Gott,
dein Sohn Jesus ist uns während der Vorbereitungszeit
für unsere Kinderbibeltage sehr nahe gekommen.
Du teilst unser Leben und bist vertraut mit allem, was uns bewegt.
Du bist auch dann bei uns, wenn wir es nicht spüren.
Schenke uns jetzt eine gute Stunde und lass uns Vorbilder im Glauben für
unsere Kinder werden.
Lass uns stets deinen Spuren folgen, damit wir und auch die Kinder spüren:
Du meinst es immer gut mit uns.
So gewinnen wir Mut und werden deine Spuren immer neu entdecken.
Amen.

Einführung:
L.: Wir machen uns auf, um gemeinsam mit den Kindern in unseren dies-
jährigen Kinderbibeltagen Spuren Jesu zu entdecken. Wir haben uns während der Vorbereitungszeit intensiv mit den Heilungsgeschichten auseinander gesetzt, wir haben über das Beten nachgedacht, gehört und gelesen,

wie Jesus immer wieder mit verschiedenen Menschen Mahl gehalten hat und letztlich haben wir in einigen Gleichnissen etwas von der unendlich großen Liebe Gottes ahnen können. Miteinander wollen wir nach Spuren Jesu in unserem heutigen Leben suchen und ebenso überlegen, wie wir Spuren hinterlassen können, die zeigen, dass wir gemeinsam mit Jesus auf dem Weg sind.

Meditative Musik

Meditation: Spuren
Spuren
Fußspuren – große und kleine Fußspuren.
Wir entdecken miteinander die Spuren Jesu.
Spuren
Spuren Jesu?
Miteinander die Spuren Jesu entdecken?
Wo entdecken wir diese Spuren?
Wo finde ich Spuren seiner Liebe in meinem Leben?
Gibt es Menschen in meinem Leben, die Spuren hinterlassen haben?
Wo hinterlasse ich Spuren?
Spuren, die erkennbar sind, die sichtbar sind?

L.: Vielen von euch und Ihnen ist sicherlich die Geschichte von den »Spuren im Sand« bekannt.

Ein Mann hatte eines Nachts einen Traum. Er träumte, dass er mit Gott am Strand entlang spazieren ging. Am Himmel zogen Szenen aus seinem Leben vorbei, und für jede Szene waren Spuren im Sand zu sehen. Als er auf die Fußspuren im Sand zurückblickte, sah er, dass manchmal nur eine da war. Er bemerkte weiter, dass dies zu Zeiten großer Sorgen und Nöte in seinem Leben war. Deshalb fragte er den Herrn: »Herr, ich habe bemerkt, dass zu den traurigsten Zeiten meines Lebens nur eine Fußspur zu sehen ist. Ich verstehe nicht, warum du mich da, wo ich dich am nötigsten brauchte, allein gelassen hast?«

Da antwortete ihm der Herr: »Mein lieber Sohn. Ich liebe dich und würde dich niemals verlassen. In den Tagen, wo es für dich am dunkelsten war und du mich am nötigsten brauchtest, da, wo du nur die eine Fuß-spur siehst, das war an den Tagen, wo ich dich getragen habe!«

L.: Der Träumende erfährt: Gott ist nicht nur immer an seiner Seite ge-wesen, er hat ihn sogar in besonders schweren Zeiten getragen. Auch wir dürfen die Gewissheit haben, dass Gott uns gerade in den schweren Stun-den unseres Lebens ganz nahe ist. Gott selbst trägt uns – auch wenn es erst in einer späteren Lebensetappe sichtbar und spürbar wird. Gott ist uns ein treuer Wegbegleiter und Weggefährte, der mit uns durch das Leben geht.

M1

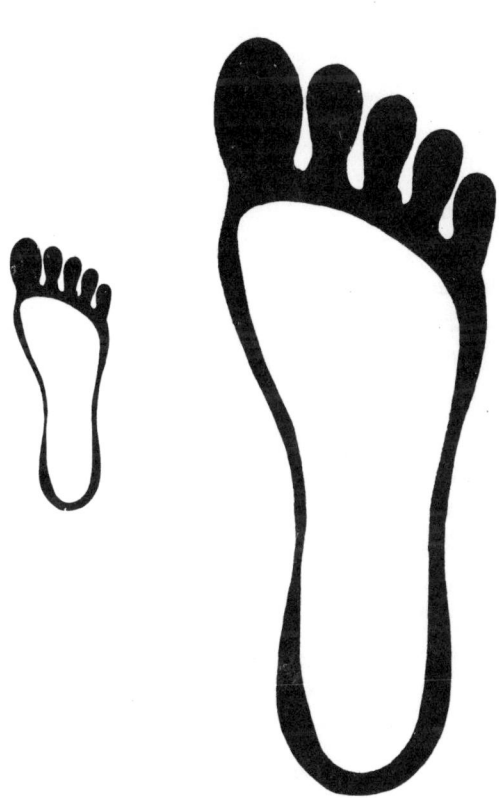

Stille

Glaubensimpuls:

L.: Alles menschliche Tun hinterlässt Spuren. An diesen Spuren können wir leicht den Lebens- und Glaubensweg eines Menschen verfolgen. Ich möchte Sie nun bitten, eine Fußspur zu nehmen. Überlegen Sie in Ruhe, welche Menschen in Ihrem Leben Spuren hinterlassen haben?
Wer war und ist wichtig in Ihrem Leben?
Wo hinterlassen Sie Spuren?
Spuren, damit andere Menschen ihnen folgen können?

→ Die TeilnehmerInnen schreiben ihre Gedanken und Assoziationen auf die Fußspuren.

Gesprächsphase

Abschlußrunde

Lied

1. Tag: Jesus schenkt vielen Menschen Heilung

Einführung:
Viele Kinder kennen Erzählungen davon, dass Jesus Kranke gesund machte. Geschichten, die davon erzählen, dass der blinde Bartimäus wieder sehen konnte, ein Gelähmter wieder gehen konnte, und Aussätzige wieder rein wurden.

Der Heilung geht in diesen Erzählungen immer Glaube voraus; das Vertrauen in die Möglichkeit einer Heilung und der Wille gesund zu werden. Jesus hilft, die inneren Lebenskräfte der Kranken zu stärken; er schenkt Zutrauen und weckt die Lebendigkeit des Einzelnen. Ohne Glauben und Hoffnung auf Heilung wird es keine Heilung geben, wird kein Heilungsprozess stattfinden. In der Heil-ung geschieht die Begegnung zwischen Gott und Mensch. Durch die Erfahrung von Liebe, durch eine neue Sicht des Lebenssinns, durch die Begegnung mit Menschen, durch die Begegnung mit Jesus Christus werden Menschen heil, erfahren sie ganzheitliche Heilung und Gesundung.

Die Kinder brauchen die Geborgenheit und die Zuversicht, die ihnen von den wunderbaren Taten Jesu geschenkt werden. Sie erfahren, dass die Menschen unterwegs sind und dass Gott sie dabei begleitet. Sie spüren vielleicht, dass Gesundheit, dass unser Wohlbefinden ein Geschenk Gottes sind. Gott möchte gerne, dass wir gesund, dass wir heil sind – darüber dürfen wir heil- froh sein.

Desweiteren geben»Heilungsgeschichten«Kindern eine Ahnung davon, was es heißt, blind, krank, behindert, gelähmt oder ausgestoßen zu sein. Gerade die Erfahrung des Ausgestoßenseins machen Kinder immer wieder: Nicht mitspielen dürfen, verspottet werden wegen der Kleidung oder des Aussehens, verlacht werden wegen eines Sprachfehlers, nicht mitgenommen werden wegen einer Behinderung, ... diese Erfahrungen sind den Kindern nicht fremd. Jesus zeigt uns durch sein lebensbejahendes Wirken, wie unermesslich wichtig ein einfühlsamer und aufgeschlossener Kontakt zu Menschen ist, die an die eigene Lebenskraft nicht mehr glauben. Die Heilungsgeschichten sollen uns zu einer umfassenden Sensibilität im Umgang mit kranken, behinderten oder ausgegrenzten Menschen führen. Die hier zur Sprache gebrachten »Heilungsgeschichten« zeigen den Kindern, wie wichtig es ist, sich gemeinsam für einen Menschen in Not einzusetzen. Sie sollen ihnen Mut machen, sich mit anderen zu solidarisieren, um Unmögliches möglich zu machen.

Wenn wir unsere Kinder ermutigen, unterstützen, sie wertschätzen, ihnen Achtung entgegenbringen und ihnen zunehmendes Vertrauen in die eigene Handlungs- und Entscheidungsfähigkeit vermitteln, dann schaffen wir gute Voraussetzungen, dass sie »heil« bleiben, dass sie sich wohl fühlen und im wahrsten Sinne des Wortes »heil – froh« sind. Vielleicht spüren sie dann ein wenig von dem, wie Jesu Zuwendung zu den Kranken und Ausgestoßenen ausgesehen haben mag. Vielleicht spüren sie dann, wie Jesus Menschen die Augen öffnet, sie sehend macht; wie er Menschen aufrichtet, ihnen Standhaftigkeit vermittelt; wie Jesus Menschen von Lähmungen befreit, wie Hoffnungslosigkeit und Belastungen überwunden werden. Dann erfahren die Kinder, dass Jesus auch in unserem Leben eine wichtige Rolle spielt, denn Jesus ist für uns da: an allen Tagen unseres Lebens.

Jesus begegnete auf seinem Weg vielen Menschen, die seine Hilfe und seine Zuwendung brauchten. Er hatte die Kinder gern, er liebte kleine und große Menschen. Er kümmerte sich um Arme und Traurige. Er stand besonders jenen bei, die durch Krankheit oder eine Behinderung aus der Gemeinschaft der Menschen ausgeschlossen waren. Durch Jesus spricht Gott zu uns: Er zeigt uns in seinem Leben, wie wir leben sollen. Seine Worte und seine Taten haben Spuren in unserer Welt hinterlassen, denen wir auch heute noch folgen. Jesus will immer bei uns sein. Seine Spur begleitet uns an allen Tagen unseres Lebens. Und da, wo Jesus ist, wo Menschen an Jesus glauben, ist es schön.

Wenn wir die nachfolgenden Geschichten erzählen, wissen wir, dass Gott immer und überall bei uns ist. Sie machen uns aber auch darauf aufmerksam, dass auch wir aufgerufen sind, lieb zueinander zu sein, uns um Arme und Traurige zu kümmern, zu helfen und zu trösten, wo es uns möglich ist.

Auswahl von Bibelstellen, die den Kindern erzählt und mit ihnen besprochen werden können

Der blinde Bartimäus (Lk 18,35- 43)

In der Nähe von Jericho lebte der blinde Bartimäus. Er lag am Wegrand und machte auf sein schweres Schicksal aufmerksam. Er rief:»Jesus, Sohn Davids, hab Erbarmen mit mir!« Er schrie so lange, bis Jesus stehen blieb und den Blinden zu sich führen ließ. Dann fragte er ihn:»Was soll ich dir tun?« Er antwortete:»Herr, ich möchte wieder sehen können!« Da sagte Jesus zu ihm:»Du sollst wieder sehen. Dein Glaube hat dir geholfen«.

Jesus öffnet den Menschen die Augen für Gott. Solange wir Gott in unserem Leben und im Leben der anderen Menschen nicht erkennen können, sind wir selber wie Blinde. Dann muss uns der Glaube die Augen öffnen: Wer auf den Nächsten achtet, der sieht Gott; so hat es Jesus einmal gesagt.

Die Heilung des gelähmten Mannes (vgl. Mk 2,1-12)

Immer wieder drängten sich viele Leute um Jesus. Ein gelähmter Mann konnte deswegen nicht zu ihm kommen. Da trugen Freunde den Gelähmten auf das Dach des Hauses, in dem Jesus war. Sie deckten es ab und ließen die Trage mit dem Kranken direkt vor den Füßen Jesu nieder. Der freute sich über den Glauben des Mannes und die Phantasie seiner Freunde und sagte:»Deine Sünden sind dir vergeben!« Über dieses Wort wunderten sich alle, die es hörten. Jesus aber sagte zu ihnen:»Ihr sollt erkennen, dass ich die Vollmacht habe, Sünden zu vergeben.« Dann wandte er sich an den Gelähmten:»Steh auf, nimm deine Trage und geh nach Hause!« Und der Mann stand auf und ging weg.

Es gibt auch im Glauben ungewöhnliche Wege. Mut und Phantasie sind gefragt. Wir sind aufgerufen, neue Wege zu suchen und zu gehen. Die Männer, die den Gelähmten zu Jesus bringen, können für uns ein Zeichen sein, dass wir gemeinsam besser vorankommen.

Die Heilung eines Jungen (vgl. Lk 9,37-43)

Zur Zeit Jesu waren die Ursachen vieler Krankheiten unbekannt. Deswegen wurden sie dem Einfluss böser Geister zugeschrieben. Jesus aber kümmerte sich nicht um die Deutung der Menschen und hatte besonders diese

Kranken lieb. So auch einen Jungen, der von einer schweren Krankheit gequält wurde. Er wurde von Krämpfen heimgesucht, die ihn laut schreien ließen. Der Vater des Kindes hatte sich schon an die Jünger Jesu gewandt, doch sie konnten nicht helfen. Jesus sagte zu dem leidgeprüften Vater: »Bring deinen Sohn her!« Als der Junge gebracht wurde, bekam er gerade wieder einen Anfall. Doch Jesus heilte das Kind und gab es seinem Vater zurück.

Jesus nahm sich besonders gerne der Kinder an; er schloss sie in die Arme und segnete sie. Jesus betrachtete die Kinder nicht nur als gleichwertig, sie dienten ihm auch als Beispiel für das kommende Reich Gottes. Er sagte einmal zu seinen Zuhörern: »Wenn ihr das Reich Gottes nicht annehmt wie ein Kind, kommt ihr nicht hinein.«

Verlauf

IM PLENUM, ca. 30 Min.

Begrüßung

Lied: *»Im Namen des Vaters ...«*

Gebet:
Jesus,
wir machen uns jetzt gemeinsam auf den Weg.
Wir wollen mehr von dir und deinem Leben erfahren.
Damit wir verstehen können, dass es in den Geschichten,
Anspielen und Liedern
um uns und um dich geht.
Damit wir ahnen können, dass du Gott uns immer nahe bist.
Wir danken dir für die Liebe, die du uns schenkst.
Schenke uns eine gute gemeinsame Zeit während dieser Kinderbibeltage.
Amen.

Anspiel: *Jesus heilt Aussätzige*

Einführung mit einem Detektiv und zwei Kindern

→ **Vorzubereiten:**

☐ Durch den Raum führt eine Fußspur **(M 1)**
☐ Verschiedene Gegenstände sind aufgebaut:
☐ Ein gedeckter Tisch mit Brot und Getränken
☐ Ein Stuhl, auf dem Verbandszeug liegt
☐ Bibel und Gotteslob
☐ Schafwolle
☐ verschiedene Bilder: Bild von zwei Männern, die essen **(M 2)**
                          Die Heilung des gelähmten Mannes **(M 3)**
                          Jesus wird verhaftet **(M 4)**

M2

Ein Detektiv betritt suchend den Raum. Er ist ganz erstaunt, als er feststellt, wie viele Kinder sich im Raum befinden. Zwei Kinder kommen auf ihn zu.

D: Hallo!
Kind 1:   Hey! Was willst du denn hier?
Kind 2:   Hast dich wohl verlaufen?

Kind 1: Wie heißt du?

D: Meint ihr mich? Ich heiße Fridolin Findheraus. Ich habe einen Auftrag! Ich muss jemanden suchen.

Kind 2: Komischer Name!

Kind 1: Du suchst jemanden?

D: Ja – das scheint ein total schwieriger Fall zu sein. Ganz merkwürdig!

Kind 1: Und wie kommst du dann hierher? Zu unserer Kinderbibelwoche?

D: Kinderbibelwoche – habe ich noch nie etwas von gehört?

Kind 2: Kennt doch jeder! Bleib doch hier! Ist schon eine spannende Sache! Wir haben hier viel Spaß miteinander. Basteln, spielen, singen, malen, essen, trinken ... und wir hören spannende Geschichten aus der Bibel.

D: Na, das hört sich aber gut an! Aber – ich habe einen Auftrag – das ist ganz wichtig!

M3

Kind 1: Kann ich dir dabei nicht helfen?

D: Ich weiß nicht. Ich weiß überhaupt noch nichts! Wie soll ich bloß anfangen? Wie soll ich etwas herausfinden oder jemanden suchen, wenn ich gar nicht weiß, was ich suchen soll! Höchst eigenartiger Auftrag. So etwas habe ich noch nie gehabt!

Kind 2: Ich mache mich lieber aus dem Staub. Das scheint ja richtig anstrengend zu werden. Jemanden zu suchen und gar nicht zu wissen, was ich zu suchen habe. Nein – das ist mir zu kompliziert.

Kind 2 geht zu den anderen Kindern.

Kind 1: Das scheint ja wirklich merkwürdig zu sein! Komm, ich helfe dir – vier Augen sehen mehr als zwei!

D: Ja, meinetwegen. Du hast ja Recht. Dann wollen wir mal loslegen! Wir brauchen nur noch eine Spur!

Kind 1: Eine Spur – ja, guck doch mal hier! Jede Menge Spuren! Wer sagt es denn. Die gehen wir jetzt erst einmal nach!

D: Klasse! Eine Spur von einem Tier?

Kind 1: Nein – das glaube ich nicht!

D: Stimmt – es muss ein Mensch gewesen sein. Ein Erwachsener – die Fußspuren sind recht groß.

Kind 1: Ja siehst du – gar nicht so schlecht für den Anfang!

M4

Das Kind und der Detektiv folgen den Spuren!

D: Hallo! Ist hier niemand?

Die beiden entdecken den gedeckten Tisch, an dem schon gegessen wurde.

Kind 1: Mensch, toll! Nicht schlecht – die haben ganz gut gegessen! Hier – Brot, Wein und Weintrauben sind noch übriggeblieben!

D: Ja – und es waren mehr Menschen da! Also, dieser Mensch, den wir suchen, hat zusammen mit anderen gegessen.

Kind 1: Was das wohl für Leute gewesen sind?

D: Oh, guck doch mal! Hier liegen Bilder! Jetzt wird es spannend!

Kind 1: Zwei Männer essen miteinander? Na – unser großer Unbekannter scheint also ein Mann zu sein!

Geht zum Stuhl mit dem Verbandsmaterial.

D: Und was ist das hier? Er muss krank gewesen sein. Oder hier ist ein Kranker gewesen. Verbandsmaterial? Was ist hier wohl passiert? Hier – wieder ein Bild! Und wieder dieser Mann. Ob der, den wir suchen, Arzt ist?

Entdeckt die Bibel und ein Gebetbuch.

Kind 1: Ich weiß es auch nicht. Aber guck doch mal: Jetzt verstehe ich gar nichts mehr. Eine Bibel und ein Gebetbuch? Merkwürdig.

D: Vielleicht hat unser Mann hier gebetet?

Kind 1: Hier wieder ein Bild! Das sieht ja recht merkwürdig aus. Männer mit Schwertern und wieder unser Mann – was haben die denn mit ihm vor? Da scheint es irgendwie Ärger gegeben zu haben. Also kein frommer Mann?! So sieht es jedenfalls nicht aus!

Kind findet etwas Schafwolle.

Kind 1: Hier – was ist das denn? Wolle? Schafwolle?

D: Schafwolle? Schafe? Ein Hirte? Was haben Schafe und Hirten denn mit unserem Fall zu tun?

Kind 1: Jetzt versteh ich gar nichts mehr! Das ist aber ein schwieriger Fall!

D: Total schwierig! Einmal scheint es, als wenn er Arzt wäre, einmal kommt er uns vor wie ein Lehrer.

Kind 1: Ja, und dann sieht es aus, als wäre er ein frommer Mann.

D: Oder ist er doch ein völlig normaler Mann? Aber die Männer mit den Schwertern? Und ... Schafe – vielleicht ist er ein Hirte?

Kind 1: Merkwürdig, merkwürdig!!

D: Ich spüre, hier gibt es noch ein Geheimnis zu lüften.

Kind 1: Mensch, was das wohl für ein Mann ist, den wir suchen? Hast du noch eine Idee, Fridolin Findheraus?

Die beiden wenden sich den Kindern zu:

D: Wollt ihr uns nicht helfen? Habt ihr vielleicht eine Idee?

Kind 1: Wisst ihr, wer der gesuchte Mann sein könnte? Wo könnte er sein?

D: Wir können ja noch einmal zusammen überlegen!

Kind 1: Verbandszeug, ein gedeckter Tisch, Brot und Wein, Schafe, Hirten, Männer mit Schwertern, Gebetbuch?

D: Ich weiß einfach nicht mehr weiter! Ich bin mit meiner Weisheit am Ende! Wer ist der Gesuchte?

Der Detektiv fragt die Kinder:

D: Wisst ihr es vielleicht?

Kinder: Jesus!

D: Das ist doch nicht möglich: Jesus! Jesus wie er leibt und lebt.

Kind 1: Das hätten wir auch selber herausfinden können!

D: Und jetzt wird mir auch alles klar: Jesus hat mit den Menschen gegessen.

Kind 1: Und er hat Kranke geheilt!

D: Jesus – der gute Hirte!

Kind 1: Er wurde verhaftet, später gekreuzigt.

D: Kommt, wir machen uns gemeinsam auf, dann können wir sicherlich noch eine Menge über diesen Jesus herausfinden!

Kind 1: Oh ja! Ich gehe mit dir!

Kind 2 kommt wieder zu den beiden.

Kind 2:   Ich komme auch mit!

D: Wollt ihr auch mitmachen?

Kinder: Ja!

D: Dann passt gut auf!

Kind 2:   Guck mal, was passiert denn dort hinten?!

D: Komm, da gehen wir schnell hin!

Anspiel: Jesus heilt Aussätzige

Personen:

ErzählerIn; Frauen, die Körbe mit Brot und Wasser tragen

Eine Gruppe von 3 Männern sitzt etwas abseits

Jesus und einige Jünger

ErzählerIn:

Es ist Abend. In der Ferne leuchten die Lichter einer Stadt. Die zehn Männer, die hier vor den Toren der Stadt leben, wissen, dass sie nie wieder nach Hause zurückkehren werden. Sie alle sind unheilbar krank. Lepra heißt ihre Krankheit, bei der ein Ausschlag den ganzen Körper befällt und die Gliedmaßen langsam absterben. Eine schreckliche Krankheit. Die Krankheit gilt als ansteckend, darum werden die Kranken aus ihrem Dorf vertrieben. Jeden Abend bringen mitleidige Familienangehörige Wasser und Lebensmittel. Sie stellen ihre Körbe weit außerhalb des Lagers auf den Boden und suchen schnell das Weite, um nicht mit dieser schrecklichen Krankheit in Berührung zu kommen. An diesem Abend jedoch geschieht etwas Merkwürdiges:

Frauen mit Körben kommen. Sie winken den kranken Männern zu.

1. Frau: Hallo! Kommt mal etwas näher!

2. Frau: Schnell! Wir wollen euch etwas sagen.

3. Frau: Endlich haben wir einmal gute Nachrichten!

Einige Männer kommen etwas näher.

1. Mann: Was ist los?

2. Mann: Was wollt ihr uns sagen?

1. Frau:	Ihr habt doch sicher schon von diesem Wanderprediger gehört?
2. Frau:	Ja – Jesus heißt er!
3. Mann:	Ja, ja – den kennen wir!
4. Mann:	Man hört nur Gutes von ihm.
2. Frau:	Er kann Kranke gesund machen. Er hat schon Blinde geheilt!
3. Frau:	Ja und ein kleiner Junge, der nicht hören konnte, kann jetzt auch wieder hören!
1. Frau:	Vielleicht kann er ja auch Lepra heilen! Vielleicht kann er euch helfen!
4. Mann:	Ach, uns kann hier keiner helfen! Hier wird schon keiner herkommen. Die meiden uns doch alle.
2. Mann:	Sei doch nicht so mutlos! Wir dürfen die Hoffnung nie aufgeben!
3. Mann:	Das wäre zu schön! Gesund werden ...! Komm, wir dürfen die Straße nicht mehr aus den Augen lassen.
1. Mann:	Ja – lasst uns Ausschau halten. Es wäre schrecklich, wenn wir ihn verpassen würden!

ErzählerIn:
Jesus und seine Jünger halten sich in Kapernaum auf. Eines Tages sagt er zu seinen Freunden:»Wir gehen jetzt nach Jerusalem!« Die Jünger sind entsetzt. Sie haben Angst, ganz schreckliche Angst. Angst, dass die Priester nur darauf warten, Jesus zu töten. Jesus blickt seine Freunde traurig an. Wie oft hatte er ihnen schon erklärt, dass eben dies Gottes Plan sei: Er wird leiden müssen, er wird sterben – aber sein Vater im Himmel wird bei ihm sein. Am dritten Tag wird er auferstehen. Sie konnten und wollten es einfach nicht begreifen.

Jesus und seine Jünger kommen auf die kranken Männer zu.

1. Mann:	Da kommt er! Das ist Jesus! Das weiß ich!
2. Mann:	Endlich! Endlich kommt er!
3. Mann:	Ja, das muss er sein!
4. Mann:	Das glaube ich nicht. Woher wollt ihr wissen, dass das dieser Jesus ist?
1. Mann:	Ich weiß es eben! Ich spüre es! Mir wird ganz anders zumute!

Die Männer rufen Jesus zu

4. Mann: Was ist, wenn er nichts mit uns zu tun haben will?
2. Mann: Meinst du, er beachtet uns nicht, weil wir diese ansteckende Krankheit haben?

Jesus bleibt stehen.

Jesus: Seid gegrüßt!
1. Mann: Bist du es? Du kommst zu uns?
2. Mann: Ich kann es nicht fassen!
Jesus: Ich sage euch: Geht zu den Priestern. Wenn sie feststellen, dass ihr gesund seid, dann lassen sie euch zu euren Familien nach Hause.
3. Mann: Nach Hause? Wie lange ist das schon her, dass ich meine Familie gesehen habe?
4. Mann: Komm, wir gehen zu den Priestern. So wie er es gesagt hat!

Die kranken Männer verlassen den Raum.

ErzählerIn: Erfreut laufen die zehn Männer los. Als sie bei den Priestern ankommen, ist ihre Krankheit tatsächlich verschwunden. Vor Freude wissen sie gar nicht, was sie als erstes tun sollen. Sie können es noch gar nicht richtig begreifen. Viele, viele Wochen mussten sie auf so vieles verzichten. Jetzt haben sie nur den einen Gedanken: Nach Hause! Zu ihren Familien! Zu Freunden und Verwandten! Nur einer von ihnen, ein Samaritaner, bleibt stehen. Er kann es noch gar nicht fassen, was geschehen ist. Immer wieder betrachtet er seinen gesunden Körper. Dieser Jesus, einfach unfassbar, denkt er. Ich muss noch einmal mit ihm reden.

So läuft der geheilte Mann zu Jesus.

1. Mann: Jesus, du hast mich gesund gemacht. Ich kann es noch gar nicht fassen! Ich bin gesund, heil, vom Aussatz befreit! Ich danke dir! Tausend mal Danke!
Jesus: Kommst du alleine zurück? Wo sind die anderen? Sind nicht zehn gesund geworden? Bist du der einzige, der zurückgekommen ist, um sich zu bedanken?

1. Mann: Ja!

Jesus: Du bist auf dem richtigen Weg. Dein Glaube hat dich gesund
gemacht!

GRUPPENARBEIT (ca. 45 Min.)

Ziel:

Die Kinder sollen erkennen, dass in der Gemeinde Jesu, dass in unserer Gemeinde heute niemand, weder Frauen noch Männer, weder Kinder noch Erwachsene sich unterdrückt und ausgeschlossen fühlen sollen. Wir alle sind aufgerufen, auf unsere Nächsten zu achten und ihnen Zuwendung und Liebe zu schenken. Die Kinder erfahren aber ebenso, dass nicht alles selbstverständlich ist und wir Dank und Freude anderen mitteilen oder im Gebet in Worte fassen sollen.

→ Benötigte Materialien:

☐ Moosgummi

☐ Wäscheklammern

☐ Vorlage von Fußspuren: kleine Fußspuren für das Namensschild;
groß Fußspuren zum Aufkleben für die Kirche (M 1)

☐ je Gruppe ein Bogen Tonpapier

☐ Spielplan, Spielkarten, Spielfigur, Würfel (M 5)

☐ Puzzle »Danke sagen«; 1 x DIN A 4 Papier (M 6)

KENNENLERNPHASE

Biblische Namen:

Die Teilnehmer sitzen im Kreis. Jeder Mitspieler überlegt sich, welche Person aus der Bibel ihm besonders gefällt.

Nun beginnt das Spiel: Der erste im Kreis trägt seinen Namen und die biblische Person vor. Zum Beispiel: Ich heiße Petra und mag den ungläubigen Thomas gern. Der nächste Spieler wiederholt diesen Satz und sagt: Das ist Petra und sie mag den ungläubigen Thomas gern und ich bin die Annika und mag den Apostel Petrus gern. Diese Reihe setzt sich bis zum Ende fort.

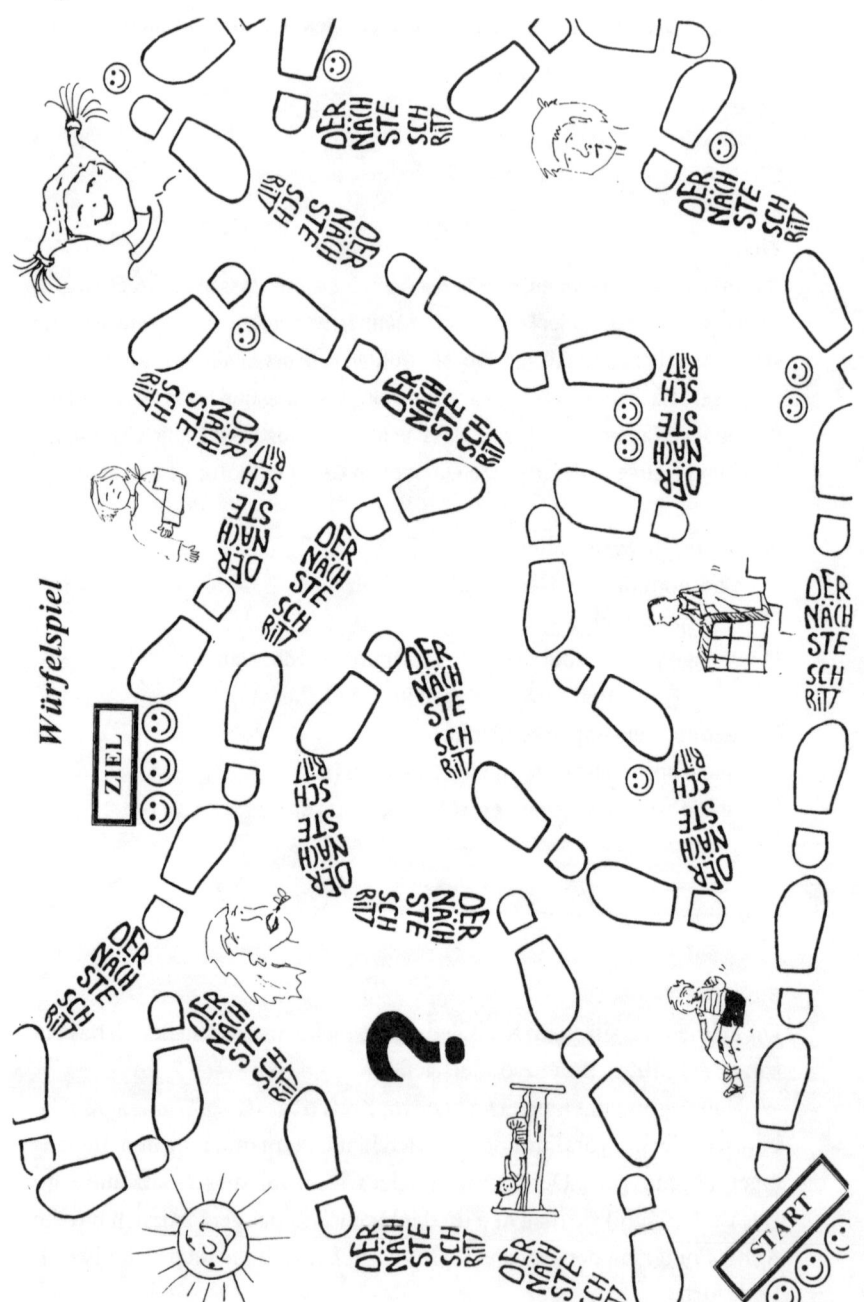

Würfelspiel

ZIEL

START

DER NÄCHSTE SCHRITT

☺☺☺☺☺☺☺☺☺☺☺☺☺☺☺☺

Überlegt gemeinsam,
was man hier
machen kann.

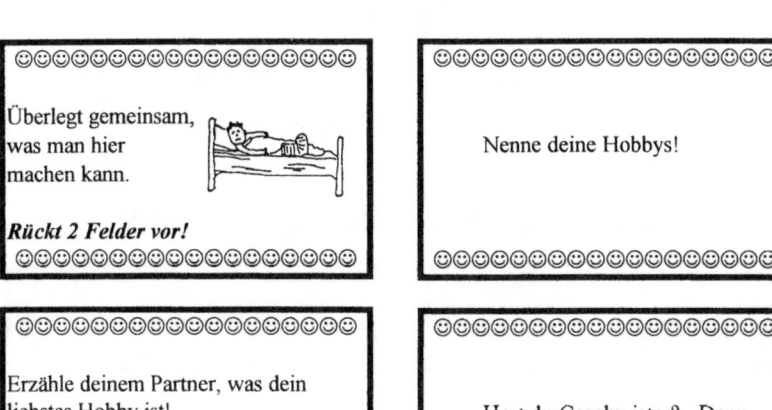

Rückt 2 Felder vor!
☺☺☺☺☺☺☺☺☺☺☺☺☺☺☺☺

☺☺☺☺☺☺☺☺☺☺☺☺☺☺☺☺

Nenne deine Hobbys!

☺☺☺☺☺☺☺☺☺☺☺☺☺☺☺☺

☺☺☺☺☺☺☺☺☺☺☺☺☺☺☺☺

Erzähle deinem Partner, was dein
liebstes Hobby ist!

Rückt 1 Feld weiter!

☺☺☺☺☺☺☺☺☺☺☺☺☺☺☺☺

☺☺☺☺☺☺☺☺☺☺☺☺☺☺☺☺

Hast du Geschwister? - Dann
stelle sie uns vor!

☺☺☺☺☺☺☺☺☺☺☺☺☺☺☺☺

☺☺☺☺☺☺☺☺☺☺☺☺☺☺☺☺

Überlegt gemeinsam,
wie man hier
erste Hilfe leistet!

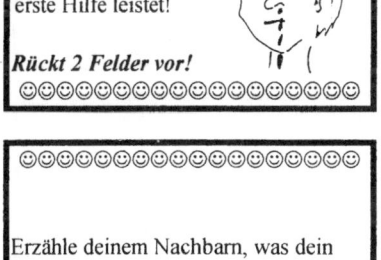

Rückt 2 Felder vor!
☺☺☺☺☺☺☺☺☺☺☺☺☺☺☺☺

☺☺☺☺☺☺☺☺☺☺☺☺☺☺☺☺

Wie heißt dein Leibgericht?

☺☺☺☺☺☺☺☺☺☺☺☺☺☺☺☺

☺☺☺☺☺☺☺☺☺☺☺☺☺☺☺☺

Erzähle deinem Nachbarn, was dein
Lieblingsessen ist.

☺☺☺☺☺☺☺☺☺☺☺☺☺☺☺☺

☺☺☺☺☺☺☺☺☺☺☺☺☺☺☺☺

Wie heißt der Pastor unserer
Pfarrgemeinde? Wie heißt unser
Vikar?

Rückt 2 Felder vor!
☺☺☺☺☺☺☺☺☺☺☺☺☺☺☺☺

☺☺☺☺☺☺☺☺☺☺☺☺☺☺☺☺

Überlegt gemeinsam,
was man hier machen
kann.

Rücke 2 Felder vor!
☺☺☺☺☺☺☺☺☺☺☺☺☺☺☺☺

☺☺☺☺☺☺☺☺☺☺☺☺☺☺☺☺

Welches kirchliche Fest bringen wir
Christe besonders mit dem Hl.
Geist in Verbindung?

☺☺☺☺☺☺☺☺☺☺☺☺☺☺☺☺

☺☺☺☺☺☺☺☺☺☺☺☺☺☺☺☺

Frage deinen Nachbarn nach
seinem Geburtstag und danach was
er am schönsten fand.

Rücke 1 Feld vor!
☺☺☺☺☺☺☺☺☺☺☺☺☺☺☺☺

☺☺☺☺☺☺☺☺☺☺☺☺☺☺☺☺

Was gefällt dir an der Kirche?
Was findest du besonders gut?

☺☺☺☺☺☺☺☺☺☺☺☺☺☺☺☺

☺☺☺☺☺☺☺☺☺☺☺☺☺☺☺☺

Überlegt gemeinsam,
wie man diesen
Schaden beheben kann.

Rückt gemeinsam 2 Felder vor!
☺☺☺☺☺☺☺☺☺☺☺☺☺☺☺☺

☺☺☺☺☺☺☺☺☺☺☺☺☺☺☺☺

Schlage ein Kirchenlied vor, das ihr
dann gemeinsam singt!

Rückt gemeinsam 3 Felder vor!
☺☺☺☺☺☺☺☺☺☺☺☺☺☺☺☺

☺☺☺☺☺☺☺☺☺☺☺☺☺☺☺☺

Welche Musik hörst du am liebsten?
Wie heißt deine Lieblingsgruppe?

☺☺☺☺☺☺☺☺☺☺☺☺☺☺☺☺

☺☺☺☺☺☺☺☺☺☺☺☺☺☺☺☺

Sage deinen Namen rückwärts!

☺☺☺☺☺☺☺☺☺☺☺☺☺☺☺☺

Basteln von Fußspuren:

L.: Unsere drei Super-Detektive haben vorhin ganz mühsam Jesus gefunden. Sie haben es gemeinsam geschafft und Spuren von Jesus entdeckt. Spuren, die zeigen, wie Jesus gelebt hat, was er getan hat, wie liebevoll er zu den Menschen war. Wir alle hinterlassen unsere Spuren: in der Familie, in der Schule, im Freundeskreis – überall dort, wo wir Menschen begegnen. Weil wir an Gott glauben, wissen wir, dass Gott auf allen Wegen mit uns geht. Wir alle haben uns heute auch auf den Weg gemacht, um Jesus noch besser kennen zu lernen, um Spuren von Jesus zu entdecken. Als Zeichen dafür, dass wir alle gemeinsam auf dem Weg sind, schneiden wir nun kleine Fußspuren aus Moosgummi aus und beschriften sie mit unserem Namen. Diese Fußspuren erinnern uns daran, dass Gott uns auf all unseren Wegen begleitet, er geht mit uns. Es wäre schön, wenn auch wir immer wieder die Kraft finden, der Spur Jesu zu folgen.

Die Fußspuren aus Moosgummi werden auf Wäscheklammern geklebt und von den Kindern als Namensschilder getragen.

L.: Jeder und jede von euch schneidet noch eine große Fußspur aus, schreibt seinen Namen darauf und wir kleben diese Fußspuren dann auf Tonkarton!

Gespräch mit den Kindern:
(Themen: Krankheit, Heilen, Danken)

L.: Wir haben vorhin im Anspiel gehört, wie Jesus Aussätzige geheilt hat. Wer mag noch einmal erzählen, was dort passiert ist?

Die Lepra wurde früher Aussatz genannt. Lepra gibt es auch heute noch. Sie beginnt mit hellen Stellen am Körper, mit kleinen Beulen und Pusteln. Gerade in diesem Frühstadium ist sie besonders ansteckend. Schreitet die Krankheit fort, bekommen die Betroffenen offene Wunden, die sie sehr entstellen.

Menschen, die damals vom Aussatz befallen waren, wurden gezwungen, ihre Familie sofort zu verlassen und unter den ärmlichsten Umständen außerhalb der Ortschaften zu leben. Das war notwendig, um Ansteckung zu vermeiden. Aussätzige wurden nicht nur gemieden, sondern auch verachtet, weil ihre Krankheit (wie jede Krankheit und Behinderung) als Strafe Gottes für Unrecht angesehen wurde. Die Familie zu verlassen, die Heimat, Freunde und Verwandte, das war sehr schmerzvoll, zumal es für die Kranken keine Hoffnung auf eine Rückkehr gab. Lepra war nicht heilbar.

Mögliche Gesprächsimpulse:
L.: Viele von euch waren sicher schon einmal krank oder waren gar schon im Krankenhaus. Ihr wurdet liebevoll gepflegt und verwöhnt und Freunde kamen zu Besuch und nahmen Anteil an der Krankheit.
Wer von euch war schon einmal krank?
Wie habt ihr euch da gefühlt?
Was hat euch da gut getan?
Kennt ihr ansteckende Krankheiten?
Wer hat selbst schon eine gehabt?
Wie fühlen wir uns bei einer ernsten Krankheit?

L.: Wer krank ist, braucht Menschen, die ihm helfen und ihn pflegen, und solche, die ihn besuchen. Wir sollten uns Zeit für einen Kranken nehmen, ihm geduldig zuhören, ihn anrufen oder, wenn wir ihn nicht besuchen können, ihm schreiben. Wer krank ist, braucht Ermutigung, liebevolle Betreuung und Ablenkung. Es tut gut, ein wenig verwöhnt zu werden.

Je länger eine Krankheit währt, desto weniger werden die Besuche. Es wird langweilig einen Kranken zu besuchen, mit gesunden Freunden gibt es viel mehr Spaß. Weinen und Klagen auszuhalten ist schwer; geduldig zuhören ist nicht immer einfach; Mutlosigkeit verstehen wir nicht immer und es ist schwer auszuhalten, dass wir selber nicht mehr tun können. Trotzdem sollten wir – wenn es uns möglich ist – Kranke besuchen, ihnen Zuwendung schenken, sie trösten und sie ermutigen. Manchmal tut es einfach schon gut, dass jemand da ist, auch wenn er im Augenblick nicht helfen kann.

Auch wenn wir in unserer nächsten Umgebung niemanden kennen, der vom Aussatz befallen ist, so behandeln wir einander manchmal wie Aussätzige. Dafür gibt es viele Gründe:

Ein Kind ist ängstlich und traut sich nicht. Ein anderes ist nicht besonders schlau. Das nächste ist im Turnen eine »Flasche«. Ein anderes hat körperliche Mängel. Ein Kind stottert. Ausländer, Asylanten oder Aussiedler werden manchmal wie Aussätzige behandelt. Wir verlachen Kinder wegen ihrer Kleidung oder des Aussehens, wegen der Sprache oder der Nationalität, wegen einer Behinderung.

Kennt ihr weitere Geschichten aus der Bibel, in denen Jesus Kranke heilt?

Wer mag eine Geschichte von einer Heilung erzählen?

Könnt ihr euch vorstellen, wie es ist blind, lahm oder taub zu sein?

Wie ist das, wenn jemand in meiner Nähe ist und sich nicht helfen kann?

Was tue ich dann?

L.: Wir haben gerade gehört, dass es früher Menschen gab, die krank, behindert und ausgestoßen waren. Aber auch heute erleben wir das immer wieder: Wenn wir selber krank sind, in unserer Nachbarschaft Menschen behindert, alt sind, oder sich nicht mehr selber helfen können. Wir sind immer wieder aufgerufen – so hat es uns Jesus gezeigt – zu helfen, soweit es uns möglich ist.

Ich habe hier nun ein Würfelspiel.

Es wird reihum gewürfelt!

Der/Die SpielleiterIn sollte darauf achten, dass jeder Mitspieler eine Aufgabe zu lösen hat!

Bei diesem Spiel gibt es keine Gewinner oder Verlierer!

➔ *Wichtig ist, dass das Spiel nicht länger als ca. 15 Minuten dauert!*

Gesprächsvertiefung:

L.: Könnt ihr euch denken, warum nur einer von den Aussätzigen zurückgekommen ist und sich bedankt hat? ...

Sicherlich werden die neun anderen Geheilten, die sofort nach Haus gingen, auch für ihre Heilung dankbar gewesen sein. Es ist möglich, dass die Geheilten sich so freuten, dass sie ganz vergessen haben, sich zu bedanken. Vielleicht haben sie das Danken auch aus Gleichgültigkeit vergessen. Oder sie nehmen ihr gesundes Leben als selbstverständlich hin.

Jesus ist vom Verhalten der neun geheilten Männer enttäuscht. Doch er straft sie nicht. Er will aber, dass wir unsere Freude auch zeigen. Er will, dass wir nicht vergessen, denen zu danken, die sich um uns kümmern, die sich bei Krankheit um uns sorgen. Ebenso sollen wir nicht vergessen, Gott zu danken, dass es diese Menschen gibt: Menschen, die es gut mit uns meinen, die spüren, wenn es uns nicht gut geht, die für uns da sind, wenn es wichtig ist, die uns helfen und beistehen, wenn es nötig ist, die freundlich und liebevoll zu uns sind. Der Aussätzige, der sich bedankte, brauchte keine Aufforderung zum Dank, er zeigte seine Dankbarkeit von sich aus.

Auch ich frage: Habe ich schon einmal Gott aus Freude gedankt? Für ein Zeichen seiner Liebe, für seinen Schutz oder für ein besonders schönes Ereignis? Und habe ich mich bei Mitmenschen bedankt, die etwas für mich getan oder mir eine Freude gemacht haben. Sagt ihr »Danke« für die Menschen, die sich um euch kümmern, die Verständnis haben und immer da sind?

Wie können wir uns bedanken?

Wir können uns mit Worten, mit Taten, mit kleinen Geschenken oder mit kleinen Aufmerksamkeiten bedanken. Ein Dankeschön kann auch ein Geschenk sein, das man nicht kaufen kann: Liebe, Zuwendung, Zeit ...

Mit einem Geschenk zeige ich jemandem, ich mag dich; ich denke an dich; ich möchte, dass du dich freust; ich habe dich nicht vergessen.

Abschließender Gesprächsimpuls:

Jesus will uns sagen: Jeder von uns braucht einen Menschen an seiner Seite. Wir sollen füreinander da sein an guten und an schweren Tagen. Jesus will mit seiner Frohen Botschaft alle aufrichten, alle heilen, die krank, traurig, einsam oder verzweifelt sind. Wir sollen alle Menschen annehmen und keinen wegen seiner Hautfarbe, Herkunft und Sprache unterdrücken, ausstoßen oder verachten.

Für Jesus ist es wichtig, den Hilfesuchenden anzurühren. Der Mensch soll leibhaftig spüren, dass er angenommen ist. Wir erfahren es ja am eigenen Leib, dass die Nähe und Zärtlichkeit eines Menschen uns heilen, gesund machen kann. Die zarte Hand der Mutter heilt die Wunden des Kindes, die Umarmung des Vaters stillt Kummer und Schmerz, die Berührung eines Freundes gibt Mut und Zuversicht. Wer Zuwendung erfährt und Geborgenheit erlebt, wird offen für den anderen, für das Gespräch über Gott, für Gott selbst. Und letztlich fordert die Geschichte von den geheilten Aussätzigen uns auf, unsere Dankbarkeit immer wieder zum Ausdruck zu bringen.

FRÜHSTÜCK UND PAUSE (ca. 30 Min.)
GRUPPENARBEIT (ca. 60 Min.)

KREATIVPHASE:
(Puzzle, Basteln von »Danke-Karten«)
L.: Ich habe hier ein Puzzle. Ich möchte euch bitten, die einzelnen Teile auszuschneiden und es dann richtig aufzukleben!
Wenn das Puzzle zusammengesetzt ist, wird das Lied gemeinsam gesungen.

Im Anschluss werden Dankeskarten gebastelt.

L.: Wir haben im Anspiel gehört, dass Jesus zehn Menschen vom Aussatz befreite. Aber nur einer kam zurück und bedankte sich.
»Danke« sagen fällt uns nicht immer leicht. Vieles erscheint einfach so selbstverständlich, dass die Notwendigkeit des Dankens übersehen und vergessen wird.
Wir basteln nun bunte Karten. Vielleicht denken wir ja einmal darüber nach, wem wir »Danke« sagen können. Wenn ich »Danke« sage, mache ich anderen eine Freude, aber ebenso werde ich selbst dadurch froh.
Die Karte, die wir nun basteln, könnt ihr Menschen schenken, denen ihr einmal bewusst »Danke« sagen möchtet, die euch Gutes getan haben oder die einfach für euch da sind. Wenn ihr mögt, dürft ihr die Karten auch abschicken, an gute Freunde, an Menschen, denen ihr Danke sagen wollt!

M 6   Danke sagen!

Schneidet das Puzzle aus, legt es richtig zusammen und klebt es auf!
Danach könnt ihr das Bild anmalen

jede
em größe
n.
ein Wort verstehe,
n Geist du gibst
er Fern und Nä
liebst..
se Abe
ve
i

für diesen
für jeden n
ich all
en ma

ich dich pre

dam

1. Danke
danke,
Danke, daß
auf dich werfe

2. Danke, für alle gu
danke, o Herr,
Danke, wenn
ich verzei

3. Dank
d

Kurze Zusammenfassung des Tages

Abschlussgebet:
Guter Jesus,
viele Menschen leiden und müssen hungern.
Viele Menschen sind traurig, krank oder einsam.
Aber du willst, dass es uns gut geht, du willst uns heil machen.
Du willst, dass niemand alleine und traurig ist.
Du willst, dass es allen Menschen gut geht.
Du willst, dass wir anderen helfen.
Hilf uns dabei.
Schenke uns den Mut,
uns für andere einzusetzen, denen sonst keiner hilft.
Bitte sei bei uns, wenn wir Hilfe brauchen.
Wir danken dir für diesen schönen Vormittag.
Bleibe immer bei uns, heute und an allen Tagen unseres Lebens.
Amen.

Lied:
»Vergiss nicht zu danken«

Entlassung

2. Tag: Jesus lehrt uns beten

Einführung:

In diesen Kinderbibeltagen gehen wir den Spuren Jesu nach. Spuren, die uns zeigen, wie Jesus gelebt und was er getan hat. Er saß und feierte mit den Menschen, er heilte sie, er erzählte in Gleichnissen und er betete. Das Beten ist eine der Spuren, auf die Jesus uns führt und die uns zu Jesus und zu Gott, unserem Vater führen. An unserem zweiten Kinderbibeltag steht das Gebet im Mittelpunkt. Wir hören davon, dass Jesus gebetet hat und seinen Jüngern und Freunden gesagt hat, wie sie beten sollen.

Wie wir beten, hängt davon ab, wie wir uns Gott vorstellen, welches Gottesbild wir verinnerlicht haben, welche Erfahrungen wir mit Gott gemacht haben und welche Beziehung wir zu Gott haben. Ganz unterschiedliche Erfahrungen prägen uns. Wenn mein Leben vom Vertrauen auf Gott geprägt ist, bete ich anders als wenn Gott mir fern erscheint. Beten setzt Vertrauen auf Gott voraus, Vertrauen in seine befreiende und menschenfreundliche Botschaft. Jesus Christus ist uns dabei ein Vorbild: Als seine Freunde ihn bitten, sie beten zu lehren, spricht er von Gott als dem guten Vater und lehrt den Jüngern das Vaterunser. Jesus selbst fühlte sich von seinem Vater getragen, er vertraute auf Gott und legte sein Leben in die liebenden Hände seines Vaters.

Kinder brauchen vor allem Geborgenheit und Liebe. Erst dann kann i das tiefe Vertrauen in das Gute wachsen. Wir sollten den Kindern vom »guten Gott« erzählen, der alle Menschen lieb hat und möchte, dass wir ein glückliches und erfülltes Leben haben. Die Kinder sollen erfahren: Gott ist wie ein guter Vater, wie eine gute Mutter, ihm darf ich vertrauen, ihm kann ich alles sagen. Sie wollen erleben, Gott ist für mich da, ihm kann ich sagen, was mich freut und was mich ärgert, was mir Angst macht und was ich gut finde, wofür ich dankbar bin und welche Wünsche ich habe. Sie sollen spüren: ich kann Gott alles anvertrauen, mit ihm sprechen und ihm meine Gedanken und Gefühle mitteilen wie einem Freund.

Einige Kinder werden sicherlich das Vaterunser kennen. Es verbindet viele Menschen aus allen Völkern über Grenzen und Zeiten hinweg. Das Vaterunser ist Grundlage vieler Gebete geworden. Es führt immer wieder zu den Grundformen des Betens hin – sich an Gott wenden, bitten, loben, danken, verweilen und still sein. Wie Jesus dürfen wir zu Gott als unserem Vater im Himmel beten. Er hört uns wie ein Vater, und vielleicht machen auch wir dann die Erfahrung Dietrich Bonhoeffers: Von guten Mächten wunderbar geborgen, erwarten wir getrost, was kommen mag. Gott ist mit uns am Abend und am Morgen und ganz gewiss an jedem neuen Tag.

Jesus lehrt seine Jünger das Beten (siehe Anspiel!)
Das Gebet zu besonderen Anlässen und das Beten im jüdischen Synagogengottesdienst war den Jüngern wohlbekannt. Doch hatten sie Probleme mit dem Beten, sonst hätten sie nicht zu Jesus gesagt:»Herr, lehre uns beten!« Jesus beginnt keinen Lehrvortrag, sondern gibt ihnen ein kurzes Gebet, denn es kommt nicht auf viele Worte an. Es gibt keinen Text im Neuen Testament, der genauer und kürzer sagt, worin die Botschaft Jesu Christi besteht.

Nachfolgende Bibelstellen können erzählt und mit den Kindern besprochen werden:

Der zwölfjährige Jesus im Tempel (Lk 2,39-51)
Damals war für einen Jungen der Geburtstag, an dem er zwölf Jahre alt wurde, etwas ganz Besonderes. Am darauf folgenden Sabbat durfte er zum ersten Mal im Gottesdienst aus der Bibel vorlesen. Darauf freuten sich alle Jungen und so auch Jesus. Aber er es gab noch einen anderen Grund, warum sich die Jungen besonders auf ihren zwölften Geburtstag freuten: Jedes Jahr im Frühling reisten viele jüdische Familien nach Jerusalem, um dort das Paschafest zu feiern. Dieses Fest erinnert an die wunderbare Rettung des Volkes Israel aus Ägypten. Die Jungen durften mit zwölf Jahren zum ersten Mal mit nach Jerusalem wandern. So ging auch Jesus zusammen mit Maria und Josef zum Paschafest nach Jerusalem. Dort erlebten sie herrliche Gottesdienste im Tempel, sangen und beteten und dankten Gott.

Nachdem die Festwoche vorüber war, brachen alle wieder auf, um in ihre Heimatstädte und -dörfer zurückzukehren. Als sich Maria und Josef mit der großen Gruppe anderer Wallfahrer auf den Heimweg machten, war

Jesus nicht dabei. Als seine Eltern es bemerkten, kehrten sie zurück und suchten Jesus voller Sorge. Die Eltern waren schon ganz verzweifelt, denn niemand hatte Jesus gesehen. Wie war es Jesus inzwischen ergangen? An dem Morgen, als alle aufbrachen, war er noch einmal zum Tempel gelaufen. Er lauschte den Morgengebeten und den Gesängen im Tempel. Er hörte den Schriftgelehrten zu, wie sie darüber klagten, dass Gott sein Volk wohl vergessen habe. Da begann er mitzureden. Die Männer waren sehr erstaunt, wie dieser Junge voller Glauben und Vertrauen von Gott redete. Sie spürten, wieviel Hoffnung dieser Junge hatte, dass Gott die Menschen weiter lieb hatte. Für Jesus gab es nichts Schöneres, als mit diesen frommen und klugen Männern über Gott zu reden. Darüber hatte er völlig die Zeit vergessen.

Seine Eltern aber brauchten drei Tage, bis sie Jesus schließlich im Tempel fanden. Sie trauten ihren Augen nicht, als sie ihren Sohn bei den Gesetzeslehrern entdeckten. »Wie konntest du uns das antun?« rief Maria. »Wir haben uns große Sorgen gemacht!«»Ihr habt mich gesucht?« fragte Jesus erstaunt. »Konntet ihr euch nicht denken, dass ihr mich hier finden würdet, im Haus meines Vaters?« Diese Worte machten seine Eltern sehr nachdenklich und sie wunderten sich über ihren Sohn.

Die Tempelreinigung (Joh 2,13-22)

Im Tempel von Jerusalem ging es hoch her. Viele Festgäste drängten sich im Vorhof des Tempels. Dort hatten die Händler Tische aufgestellt und verkauften Opfertiere: Tauben und Schafe und sogar große Ochsen. Es war ein Lärm wie auf einem Jahrmarkt. Die Tauben gurrten und flatterten in ihren Käfigen, die Schafe blökten und die Händler feilschten und lärmten. Die Käufer klimperten mit dem Geld.

Und immer mehr Menschen strömten durch das Tor in den Vorhof. Sie kauften und verkauften und tauschten Neuigkeiten aus. Auf einmal hörte man in dem üblichen Lärm eine schneidende Stimme voller Zorn: »Das Haus meines Vaters ist zum Beten gedacht! Ihr habt eine Räuberhöhle daraus gemacht!«

Jesus knotete ein paar Stricke zu einer Peitsche zusammen und stellte sich mitten in das Marktgetümmel und rief: »Verschwindet aus dem Haus meines Vaters! Was fällt euch eigentlich ein?« Dann stieß Jesus die Tische der Geldwechslers um, so dass die Münzen auf dem Boden in alle Richtungen davonrollten. Ein riesiges Durcheinander entstand. Wütende Händler krabbelten gemeinsam auf dem Boden und suchten ihre Münzen wieder zusammen. Die Hohenpriester aber, die den Vorfall mit angesehen hatten, waren sehr ärgerlich.

An diesem Tag trauten sich die Hohenpriester nicht, Jesus zu verhaften, weil er ständig von vielen Menschen umgeben war. Aber von da an beobachteten sie ihn genau und versuchten immer wieder, ihm bei Streitgesprächen eine Falle zu stellen. Sie wollten nachweisen, dass Jesus das Gesetz Gottes missachtete.

Jesus aber stand in Gedanken versunken im Tempelhof. Die Händler und Geldwechsler waren verschwunden. Aber hinter den Mamorpfeilern am Rande des Platzes drängten sich Menschen: einfache Leute aus dem Volk, Kranke, Schwache und Alte. Jesus ging zu ihnen hinüber, sprach freundlich mit ihnen und machte den Traurigen Mut. Verwundert sahen seine Freunde, wie Lahme plötzlich ihre Krücken wegwarfen und tanzten, Blinde zum ersten Mal den Tempel sahen.

Jesus betet am Ölberg (Mk 14,32-42)

Jesus verließ mit seinen Jüngern abends immer die Stadt Jerusalem. Am Abend seiner Festnahme gingen Jesus und seine Freunde in ein Dorf in der Nähe der Stadt. An den Hängen des Ölberges lag ein ruhiger Garten, den man Getsemani nannte. Petrus, Jakobus und Johannes waren in Jesu Nähe. Jesus war ergriffen von Angst und Traurigkeit.

Er sagte zu ihnen.»Meine Seele ist zu Tode betrübt. Bleibt hier und wacht mit mir!« Und er ging ein Stück weiter und betete:»Mein Vater, wenn es möglich ist, lasse dieses Leiden an mir vorübergehen. Aber nicht mein Wille, sondern dein Wille soll geschehen.«

Jesus stand auf und ging zu seinen Jüngern. Aber die lagen auf der Erde und schliefen fest.»Könnt ihr nicht eine Stunde mit mir wach bleiben?« fragte Jesus traurig. Noch zweimal ging er in den Garten hinein, um zu beten. Dann kehrte er zu seinen Jüngern zurück und weckte sie.

Verlauf:

Begrüßung:

Lied: »*Danke, für diesen guten Morgen ...*«

Gebet:
Jesus,
auch heute wollen wir uns gemeinsam auf dem Weg machen.
Wir wollen mehr von dir und deinem Leben erfahren.
Gestern haben wir gehört, wie du vielen Menschen geholfen hast.
Manchmal denken wir ja, du hilfst uns nicht.
Aber vielleicht merken wir gar nicht immer, wie du uns hilfst.
Heute sprechen wir über das Beten.
Wenn wir beten, sind wir dir ganz nahe und du bist da
und hörst uns zu.
Wenn wir lachen, wenn wir weinen, wenn wir fröhlich sind
oder Angst haben,
du bist immer da und hörst uns zu.
Es ist gut, dass du immer Zeit für uns hast.
Wir sind ganz gespannt, was wir heute alles erleben werden.
Amen.

**Einführung mit den beiden Kindern und dem
Detektiv Fridolin Findheraus:**

Der Detektiv und die beiden Kinder kommen in den Saal.

D: Hallo, seid ihr heute auch wieder hier?
Kind 1:   Ja, natürlich! Ich will doch wissen, wie es weitergeht!
Kind 2:   Ich habe mir gedacht, ich bleibe heute auch dabei. Einfach so!
Kind 1:   War gestern ganz interessant, oder?
D: Ja – fand ich auch! Gut, dass wir Jesus auf die Spur gekommen
          sind!

Kind 1: Was Jesus so alles gemacht hat!

D: Den blinden Bartimäus hat er geheilt!

Kind 1: Und die Aussätzigen hat er von ihrem Aussatz befreit, so dass sie wieder in der Gemeinde aufgenommen wurden.

Kind 2: Einen gelähmten Mann hat er geheilt!

D: Und was sich die Menschen so alles haben einfallen lassen. Dachziegel vom Dach nehmen um einen Gelähmten zu Jesus zu bringen. Klasse!

Kind 1: Gemeinsam geht eben vieles leichter! Das habe ich dir ja gestern schon gesagt!

Kind 2: Ja, tolle Idee! Muss man erst einmal drauf kommen!

D: Jesus hat uns daran erinnert, auch mal Danke zu sagen und nicht alles als selbstverständlich hinzunehmen!

Kind 2: Stimmt – das vergessen wir so leicht!

Kind 1: Schade, dass Jesus heute nicht mehr lebt. Im Fernsehen sehe ich oftmals ganz schreckliche Bilder: Krieg, Hunger und Not. Jesus könnte alles wieder gut machen, oder?

D: Na – so einfach geht es nun auch nicht. Ich erzähl dir mal was. Im letzten Krieg sind Bomben auf eine Kirche gefallen. Und da sind von dem Altarkreuz mit Jesus dran beide Arme abgebrochen. Aber als der Krieg zu Ende war, hat man es extra so kaputt in der Kirche stehen lassen. Und wisst ihr, warum?

Kind 2: Nee!

D: Einer hat eine Erklärung dazu geschrieben, die heißt: Jesus hat keine Hände, nur unsere Hände, um Gottes Arbeit heute zu tun.

Er hat keine Füße, nur unsere Füße, um Menschen auf Gottes Weg zu führen.

Jesus hat keine Lippen, nur unsere Lippen, um Menschen von Gott zu erzählen.

Er hat keine Hilfe, nur unsere Hilfe, um Menschen an Gottes Seite zu bringen.

Kind 2: Häh ... das versteh ich nicht!

D: Jesus kann heute wirklich nur durch uns etwas heil machen. Durch dich und mich und alle, die zur Kirche gehen. Und durch alle Menschen, die wollen, dass etwas anders werden soll.

Kind 2:	Ah – jetzt verstehe ich das. Wir müssen heute aufbrechen und etwas tun. Jesus zeigt uns den richtigen Weg! Einen Weg, den auch wir gehen sollen!
Kind 1:	Ich bin mal gespannt, was wir heute alles erleben!
Kind 2:	Ich auch – ist alles ganz schön interessant! Das macht mich richtig neugierig, Fridolin Findheraus!
D:	Schön! ... Oh, ich glaube, wir müssen uns verziehen!

Zu den Kindern gewandt:

| D: | Na, seid ihr auch schon gespannt, wie es weitergeht! ... Dann passt mal gut auf! Ich denke, wir sehen uns morgen wieder! |

Anspiel: Jesus lehrt seinen Jüngern das Beten

Personen: Jesus, 3 Jünger

ErzählerIn:
Spät abends oder ganz früh am Morgen, wenn die Jünger noch schliefen, ging Jesus oft allein weg, um zu beten. Er brauchte einfach die Stille und das Gebet. Seine Freunde spürten, wie viel Kraft das Gebet gab. Eines Tages fragten sie ihn:

J 1:	Jesus, wir wissen eigentlich gar nicht so genau, wie wir beten sollen?
J 2:	Ja, ich möchte so beten, wie du betest.
J 3:	Wenn du vom Beten zurück kommst, siehst du so ausgeglichen und zufrieden aus!
Jesus:	Wenn ihr betet, könnt ihr mit Gott reden wie mit einem Freund oder einer guter Freundin, wie mit eurem Vater oder eurer Mutter. Ihr könnt über alle Sorgen und Probleme mit Gott sprechen. Ihr dürft Gott um alles bitten, was euch wichtig erscheint.
J 1:	Du meinst, ich soll mir vorstellen, Gott wäre mein Freund oder meine Freundin?
J 2:	Oder wie meine Mutter oder mein Vater – auf den kann ich mich verlassen!

Jesus:	Ja – wenn ihr wollt, dass Gott euch hört, sprecht mit ihm in ganz einfachen und ehrlichen Worten. Gott kennt all eure Bedürfnisse und Wünsche, noch bevor ihr zu ihm betet, und er will, dass ihr darüber sprecht.
J 3:	Ich verstehe noch nicht ganz?! Wie sollen wir denn beten?
Jesus:	Wichtig ist, dass euer Gebet vom Herzen kommt. Betet nicht anderen zuliebe oder weil andere sehen sollen, dass ihr betet. Es gibt Menschen, die beten an einem Platz, an dem sich viele Menschen aufhalten, dann stehen sie auf und beten laut und ausgiebig, so dass alle ganz beeindruckt sind.
J 3:	Stimmt, das habe ich schon oft beobachtet!
Jesus:	Aber so sollt ihr nicht beten! Wenn ihr also betet, tut es nicht wie Heuchler.
J 2:	Ja ...
Jesus:	Und noch etwas. Es ist nicht nötig, beim Beten viele Worte zu machen. Euer Vater im Himmel kennt euch und weiß, was ihr braucht.
J 2:	Jesus, kannst du uns nicht ein Gebet sagen, das wir uns merken und immer wieder beten können?
J 1:	Ja, das wäre gut! Vielleicht fällt uns dann das Beten leichter!
Jesus:	Mit diesen Worten könnt ihr beten: Vater unser – denn Gott ist zwar groß und heilig, aber er ist auch euer Vater. Dann betet: Geheiligt werde dein Name. Dein Reiche komme bald. Auf dich wollen wir hören. Dann betet für eure eigenen Bedürfnisse: Bitte, gib uns heute die Nahrung, die wir brauchen. Vergib uns, wenn wir Fehler gemacht haben, so wie auch wir den Menschen vergeben, die uns verletzt haben. Bitte, halte alle Versuchungen von uns fern. Was auch immer geschehen mag, bewahre uns vor dem Bösen.
J 1:	Das ist alles?
J 2:	Das kann ich mir gut merken!
J 3:	Ja, das ist sehr einprägsam und doch ... man kann noch lange darüber nachdenken.
J 1:	Vergib uns unsere Schuld, wie auch wir vergeben unseren Schuldigern ...

Jesus: Ja – vergess nie, dass es unmöglich ist, Gott um Vergebung zu
           bitten, wenn ihr selbst nicht bereit seid, anderen zu vergeben.
           Gott wird euch vergeben, wenn ihr einander vergebt, wenn
           ihr liebevoll miteinander umgeht.

J 2:   Und Gott hört uns immer?

Jesus: Ihr könnt sicher sein und darauf vertrauen, dass Gott euer Be-
           ten erhört und euch eine Antwort auf euer Gebet geben wird.

ErzählerIn: Die Jünger hatten sehr genau zugehört. Sie prägten sich die
Worte Jesu gut ein, um sie nicht zu vergessen.

Jesus: *(zu den Kindern gewandt)*
           Kennt ihr das Gebet auch? Dann wollen wir es nun gemein-
           sam beten:

Alle: Vater unser im Himmel,
           geheiligt werde dein Name,
           dein Reich komme, dein Wille geschehe,
           wie im Himmel so auf Erden.
           Unser tägliches Brot gib uns heute
           und vergib uns unsere Schuld,
           wie auch wir vergeben unsern Schuldigern
           und führe uns nicht in Versuchung,
           sondern erlöse uns von dem Bösen.
           Denn dein ist das Reich und die Kraft
           und die Herrlichkeit in Ewigkeit. Amen.

GRUPPENARBEIT, ca. 45 Min.

Kurze Wiederholung vom Vortag

Gespräch mit den Kindern:
Jesus lehrt seine Jünger das Beten
Jesus im Tempel: »Die Tempelreinigung«
Der zwölfjährige Jesus im Tempel
Jesus betet am Ölberg

FRÜHSTÜCK UND PAUSE, ca. 30 Min.

GRUPPENARBEIT, ca. 60 Min.

ABLAUF IN DEN GRUPPEN

Kreativphase:
Ablauf in den Gruppen:

Ziel: Die Kinder erleben zu Hause, in der Schule, im Gottesdienst oder auf andere Weise das Gebet, sie erleben verschiedene Formen und Inhalte. An diesem Kinderbibeltag soll den Kindern das Vaterunser sowie das Beten überhauptwieder bewusst und gegenwärtig gemacht werden. Die Kinder werden eingeladen, mit Gott zu reden, auch wenn manchmal die richtigen Worte fehlen.

➜ Benötigte Materialien:
❐ Kopiervorlage »Vater unser im Himmel« **(M 7)**
❐ Geschichte: Der Vater
❐ Faltschachtel: Gebetswürfel **(M 8)**
❐ Vorlage mit verschiedenen Gebeten **(M 9)**
❐ Schere und Klebstoff

I. GESPRÄCH MIT DEN KINDERN:
Die Kinder erzählen kurz über ihre Erfahrungen am Vortag.

Möglicher Gesprächseinstieg:
L.: Gestern haben wir gehört, wie Jesus Menschen geheilt hat. Wir haben über verschiedene Heilungsgeschichten gesprochen. Gerade im Anspiel habt ihr gehört, wie Jesus seinen Jüngern gesagt hat, wie sie beten sollen. Die Bibel erzählt uns immer wieder von Menschen, die gebetet haben. Ihnen ging es wie uns. Sie haben Gott gedankt. Darüber haben wir gestern schon gesprochen.
    Wofür können wir dankbar sein?
    Eltern, Geschwister, Freunde, Gesundheit, Sonne, Regen ...

Die Bibel berichtet aber auch von Menschen, die Gott um Hilfe gebeten haben, z. B. bei Krankheit, Hunger, Einsamkeit oder Krieg. Sie haben gesagt:»Hilf uns, Herr, wir wissen nicht mehr weiter – ohne dich können wir nichts tun.« Außerdem wollten die Menschen Gott kennen lernen und hatten viele Fragen. Auch die Jünger Jesu haben gefragt:»Wie ist unser Gott? Wie schaut er aus? Hat Gott uns lieb? Bestraft Gott uns auch? Wie können wir mit ihm reden?«

Manchmal waren aber auch Zweifel und Unsicherheit da, über das, was sie beten sollten. Das haben wir vorhin im Anspiel gehört.

Beten ist sprechen mit Gott. Wir dürfen ihm alles sagen, wir dürfen ihm alles erzählen, wir dürfen ihm unsere Sorgen und Nöte mitteilen, wir dürfen danken und klagen, bitten und loben. Manchmal wissen auch wir nicht genau, was wir beten sollen, wie wir mit ihm sprechen sollen. Darum hat Jesus uns das»Vaterunser« gelehrt.

Das Vaterunser ist das Gebet der Christen. Wir beten es in allen Sprachen. Viele Menschen haben es in fast 2000 Jahren unzählige Male gebetet. Wie Jesus dürfen wir zu Gott als unserem Vater beten. Das Vater- unser hat seinen festen Platz in jeder Eucharistiefeier, im persönlichen Gebet und beim Rosenkranz.

Wir betrachten jetzt einmal das Vaterunser ein wenig näher:

Jedes Kind erhält die Kopiervorlage»Vater unser im Himmel«! (M 7)

Gemeinsam mit den Kindern denken wir über die einzelnen Gebetssätze nach.

Vater unser im Himmel

Gott ist wie ein guter Vater. Wir sehen ihn nicht. Aber er ist immer bei uns. Gott ist im Himmel, auf der Erde und überall. Sein Haus, seine Wohnung ist die ganze Welt.

Mit Jesus beten wir: Du bist unser Vater im Himmel.

Geheiligt werde dein Name

Wir alle haben einen Namen. Unser Gott heißt Vater – das ist sein Name. Er hat die ganze wunderbare Welt geschaffen, mit allen Pflanzen, Tieren und uns Menschen, jeder und jede ist einzigartig und einmalig.

Mit Jesus beten wir: Großer Gott, du bist heilig, wir loben dich. Wir danken dir.

Vater unser

im Himmel,

Guter Vater, liebe Mutter, treuer Freund,
du hast alle Menschen gern,
Arme und Reiche, Junge und Alte.

Du bist verborgen in allen Dinge,
unsichtbar uns nahe,
du wirkst auch in mir.

geheiligt werde dein Name.

Gelobt seist du, guter Gott,
hier bei uns und überall auf der Welt,
in allen Völkern der Erde.

Dein Reich komme.

Lass es endlich gut werden für alle Menschen.
Dein Reich, dein Segen, dein Frieden, dein Glück
komme zu uns und zu allen.

*Dein Wille geschehe,
wie im Himmel so auf Erden.*

Lass uns auf dich hören, deinen Willen tun,
damit aus vielen Menschen
eine einzige Familie
deiner Kinder werden kann.

*Unser tägliches Brot
gib uns heute.*

Gib uns das, was wir zum Leben brauchen,
Nahrung, Kleidung und Wohnung,
aber auch Liebe und Geborgenheit.

*Und vergib uns unsere Schuld,
wie auch wir
vergeben unseren Schuldigern.*

Versöhne uns immer wieder mit dir,
und schenke uns die Kraft,
dass wir uns miteinander versöhnen.

*Und führe uns nicht
in Versuchung,*

Lass das Gute in uns stark werden,
und bewahre uns davor.
das Böse zu tun und das Gute zu vergessen.

*sondern erlöse uns
von dem Bösen.*

Halte alles von uns fern, was uns schadet.
Befreie uns von allem, was uns traurig macht,
und wende alles Böse von uns ab.

*Denn dein ist das Reich
und die Kraft
und die Herrlichkeit
Amen.*

Denn du bist der Herr über alles.
Dich loben und preisen wir, guter Gott,
dir danken wir aus ganzem Herzen.

So soll es sein
bei uns und auf der ganzen Erde,
heute und an allen Tagen unseres Lebens.

Dein Reich komme
Es gibt helle und dunkle Tage in unserem Leben. Manchmal geht es uns gut, manchmal haben wir Angst und machen uns Sorgen. Manchmal freuen wir uns, dann aber sind wir wieder traurig. Wir wissen: bei Gott ist alles hell, bei ihm ist alles gut. Das ist sein Reich. Mit Jesus beten wir: Vater, bei dir ist es schön. Wir tragen dein Licht in die Welt. Dein Reich kann kommen.

Dein Wille geschehe, wie im Himmel so auf Erden
Gott, du hast uns alle lieb: die Großen, die Kleinen, Junge und Alte, Arme und Reiche, die Guten und die Bösen. Wenn wir auf dich hören, wenn wir tun, was du willst, ist es gut, dann geschieht dein Wille. So soll es auf der Erde sein und auch im Himmel. Mit Jesus beten wir: Vater, alle sollen tun, was du willst, im Himmel und auf der Erde.

Unser tägliches Brot gib uns heute
Wir haben Brot genug. Wir können uns jeden Tag satt essen. Aber viele Menschen haben nichts. Sie haben kein Brot, sie haben kein Bett. Alle Menschen brauchen aber das Brot und alle brauchen das Brot der Liebe, der Zuwendung, des Angenommenseins. Mit Jesus beten wir: Vater, gib allen Menschen zu essen und zu trinken. Gib allen Menschen jeden Tag deinen Frieden.

Und vergib uns unsere Schuld
Immer, wenn wir einander lieb haben, wird es hell. Aber manchmal verletzen wir andere, streiten uns und dann wird es dunkel. Wenn wir nicht das tun, was Gott will, und böse zueinander sind: Dann kann das Reich Got-tes nicht kommen. Mit Jesus beten wir: Vater, verzeih uns. Vergib uns unsere Schuld und unsere Fehler.

Und führe uns nicht in Versuchung, sondern erlöse uns von dem Bösen
Manchmal sind wir böse und gehen Wege, die Gott nicht will. In unserer Welt gibt es viel Schlimmes: Erdbeben, Hungerkatastrophen, Unfälle. Wir haben Angst vor dem Bösen, vor dem Schlimmen. Mit Jesus beten wir: Vater, bleib immer bei uns. Lass uns nicht allein. Erlöse uns von dem Bösen.

Denn dein ist das Reich und die Kraft und die Herrlichkeit in Ewigkeit. Amen.

Gott ist wie ein guter Vater und eine liebende Mutter. Er hat alles gemacht. Himmel und Erde gehören ihm. Er hat alle Menschen unendlich lieb. Darum loben und danken wir Gott. Wir danken für die Möglichkeit, dass alle Menschen und Völker zu ihm beten können.

L.. Alle Christen auf der ganzen Welt kennen dieses Gebet, es gibt es in allen Sprachen. Aber es gibt auch noch andere feste Gebete. Wer mag eines nennen? Welche Gebete kennt ihr sonst noch? Welche Worte gebraucht ihr beim Beten? In welchen Situationen betet ihr? Wann kann man miteinander oder allein beten? Betet ihr regelmäßig morgens, mittags und abends?

Wir wissen, Jesus hatte viele Freunde. Denn er hat viel Gutes getan. Er hat – wie wir gestern gehört haben – Kranke geheilt. Er hat Traurige fröhlich gemacht. Deshalb wollten viele Menschen bei ihm sein. Manchmal aber wollte Jesus auch allein sein und zu Gott, seinem Vater, beten. Die Menschen sahen, wie er betete, und spürten:

- Jesus ist in Gedanken bei Gott.
- Er betet gerne. Beten ist schön.
- Er bekommt immer wieder Kraft durch das Gebet.

Sicherlich kennt ihr noch andere Geschichten aus der Bibel, in denen Jesus betet oder andere das Beten lehrt?

… Die Tempelreinigung, der zwölfjährige Jesus im Tempel, Jesus am Ölberg…

Mit den Kindern über die Bibelstellen sprechen und sie erzählen lassen!

L.: Beten heißt, mit Gott sprechen und ihm alles sagen:
Ich kann ihm sagen, was schön ist und worüber ich mich freue.
Ich kann Gott sagen, wenn ich Angst habe und seine Hilfe brauche.
Ich kann Gott meine Sorgen oder die Sorgen und Nöte meiner Geschwister oder Eltern anvertrauen.
Ich kann Gott auch Fragen stellen, auf die ich keine Antwort finde.
Ich kann Gott im Gebet danken.
Dabei kann ich ein Gebet sprechen, das ich auswendig kenne, oder frei sagen, was ich Gott anvertrauen möchte.

Beten gleicht dem Gespräch mit einer vertrauten Person. Wir haben Vertrauen zu Gott, wir können ihm alles sagen und anvertrauen. Ob Trauer oder Glück, Bitte oder Dank, Lob oder Klage: Gott ist immer für uns zu sprechen.

II. KREATIVPHASE:

L.: Wir haben heute morgen viel über das Beten, über das Gebet gesprochen. Wir wollen jetzt Gebetswürfel gestalten und darauf die Gebete schreiben und kleben, die euch gut gefallen. Wenn ihr mögt, dürft ihr auch ein eigenes Gebet formulieren.

III. ABSCHLUSS:

Zum Abschluss kann die Geschichte »Der Vater« vorgelesen werden. In dieser Geschichte erfahren die Kinder noch einmal, dass Gott wie ein guter Vater oder wie eine liebe Mutter ist!

Der Vater

Bei einem Indianerstamm in Südamerika gibt es folgenden Brauch. Bevor ein Junge in den Kreis der Männer aufgenommen wird, muss er eine Mutprobe bestehen und eine ganze Nacht im Urwald aushalten.

Eines Tages kam die Reihe an Sato. Sein Vater führte ihn am Abend durch den Dschungel an einen einsamen Ort, um ihn dann allein zu lassen. Die Nacht wurde immer finsterer. Kein Mondstrahl drang durch den dichten Urwals. Unheimlich war das Schreien der Tiere, gespenstisch das Knacken im Gebüsch, der Flügelschlag von Nachtvögeln. Wollte die Nacht gar kein Ende nehmen? Die Angst hielt den Jungen wach. Wollte er gerade einmal einschlafen, dann weckte ihn wieder das Geheul irgend eines Tieres.

Langsam dämmerte der neue Tag herauf. Endlich hatte Sato die Mutprobe bestanden! Da sah er im Licht des neuen Tages seinen Vater ganz nah an einem Baum stehen. Er hatte die ganze Nacht über bei seinem Sohn gewacht, um ihm in wirklicher Gefahr beistehen zu können.

Basteln von Gebetswürfeln

IN DER KIRCHE, ca. 45 Min.

Kurze Zusammenfassung

Evtl. Dia zeigen: »*Der zwölfjährige Jesus im Tempel*« *(Ausleihstellen)*

Abschlussgebet:
Guter Jesus, dir können wir alles sagen:
Was uns Freude macht, was uns ärgert oder worüber wir traurig sind.
Du selber hast das alles erlebt.
Du kannst uns gut verstehen.
Zu dir können wir alles bringen: unsere Sorgen, unsere Freude,
unsere Trauer.
Zu dir können wir
beten.
Wir danken dir für
diesen schönen
Vormittag.
Bleibe immer bei uns,
heute und an allen
Tagen unseres Lebens.
Amen.

Lied:
»*Die Erde ist schön ...*«

Vater unser

Segen

Entlassung

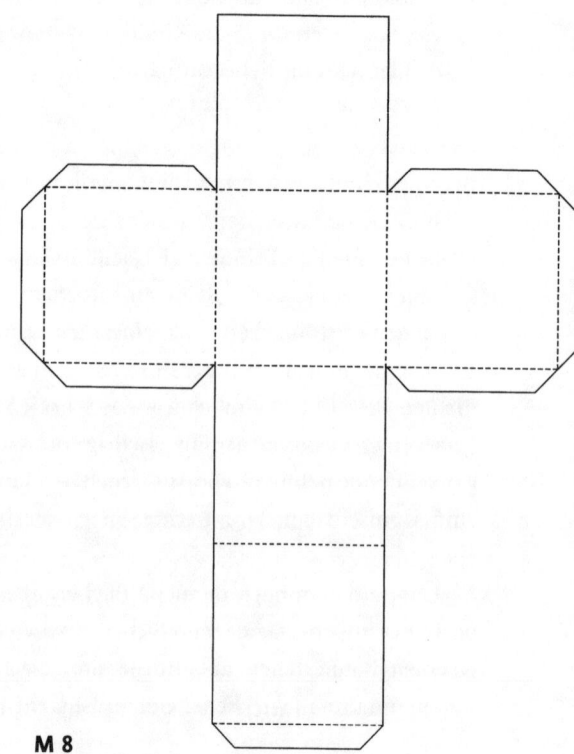

M 8

3. Tag: Jesus hält Mahl mit den Menschen

Einführung:

In der Bibel begegnen uns immer wieder Geschichten, in denen Jesus mit Menschen isst und trinkt: mit den Jüngern, mit Sündern, Zöllnern und Aussätzigen; Menschen werden bei ihm satt, er ist zu Gast bei der Hochzeit zu Kana.

Das gemeinsame Essen und Trinken hatte in Israel damals eine ganz andere Bedeutung als in unserer heutigen Gesellschaft. Das gemeinsame Mahl hatte eine tiefgehende soziale Funktion. Es war Ausdruck der Verbundenheit der Mahlteilnehmer. Wenn Jesus nun die Tischgemeinschaft mit Armen, Sündern, sozialen Randgruppen, Aussätzigen und ausgegrenzten Menschen sucht, so nimmt er sie – ausdrücklich zum Entsetzen der Pharisäer – in seine Gemeinschaft auf. Er zeigt damit eine tiefe Verbundenheit und Solidarität mit diesen Menschen und spiegelt darin die allumfassende Liebe Gottes wider.

Die Kinder erfahren und sehen, dass ganz unterschiedliche Menschen von Jesus gerufen werden: Er lädt sie alle ein und teilt mit ihnen das Brot. Brot, das nicht nur Gemeinschaft mit Menschen, sondern auch mit Gott stiftet.

An diesem Kinderbibeltag hören wir zunächst die Geschichte von der »Brotvermehrung«:

Die wunderbare Brotvermehrung (vgl. Joh 6,1-13)

Eine der schönsten Geschichten in der Bibel ist die von der wunderbaren Brotvermehrung. Viele Menschen waren in einer abgelegenen Gegend zusammengekommen, um Jesus zuzuhören. Darüber wurde es spät, und die Leute wurden hungrig. Jesus sagte zu den Jüngern:»Gebt ihnen zu essen!« Sie hatten aber nichts. Da war nur ein kleiner Junge mit fünf Gerstenbroten und zwei Fischen. Jesus nahm die Brote und die Fische und ließ sie an die Menschen austeilen. Das Wenige reichte für die Vielen. Alle wurden satt. Es blieben sogar noch zwölf Körbe mit Brotresten übrig.

Um diese Geschichte tauchten immer wieder Fragen auf: Hat Jesus wirklich die Brote wie eine Zauberer vermehrt? Vielleicht aber müssen wir es uns so vorstellen: Von Jesus ging eine so große Überzeugungskraft aus, dass die Menschen fähig wurden, das, was sie mitgebracht hatten, mit ihren Nachbarn zu teilen. Das Beispiel des Jungen steckte die Erwachsenen an. Und Jesus segnete ihr Tun, denn die Menschen hatten in diesem Augenblick begriffen, worauf es beim Aufbau des Reiches Gottes ankommt: darauf, miteinander zu teilen. Vielleicht haben seine Predigt, sein Dank für das Wenige und die Aufforderung, das Wenige zu teilen, den anwesenden Menschen Herzen und Taschen geöffnet, so dass aus dem Brot und den Fischen mehr werden konnte?

Jesus isst im Haus des Pharisäers (vgl. Lk 7,36-50)

Eines Tages wurde Jesus von einem Pharisäer zum Essen eingeladen.

Als sie beim Essen waren, kam eine Frau, die von den Leuten der ganzen Stadt als Sünderin bezeichnet wurde. Sie hatte einen Topf mit teurem Öl dabei und damit salbte sie Jesus. Dabei weinte sie über ihr schlimmes Leben, und ihre Tränen fielen auf Jesu Füße. Mit ihren Haaren trocknete die Frau die Füße. Der Gastgeber fühlte sich durch diese Frau gestört. Jesus merkte das und sagte:»Dieser Frau sind ihre vielen Sünden vergeben, weil sie mir so viel Liebe gezeigt hat.«

Die Liebe macht alles wieder gut, sagt Jesus zum Pharisäer Simon, der am liebsten die Frau aus seinem Haus geworfen hätte. Die Liebe, betont Jesus, schließt keinen Menschen aus. Deswegen bleibt die Liebe und Zuwendung zu unserem Nächsten das Allerwichtigste in unserem Leben.

Beim letzten Abendmahl schließlich setzt Jesus in Brot und Wein ein Zeichen seiner bleibenden Nähe. Brot und Wein sind Zeichen der Begegnung mit Jesus, Zeichen seiner Liebe, Zeichen der Gemeinschaft, untereinander und mit Jesus Christus.

Das letzte Abendmahl (Mk 14,17-25)

Jesus nahm das Brot, dankte Gott, brach das Brot und gab jedem seiner Jünger ein Stück.»Das ist mein Leib«, sagte er.»So wie dieses Brot gebrochen wird, werde ich für euch sterben.« Anschließend nahm Jesus einen Becher Wein und reichte ihn seinen Jüngern.»Das ist mein Blut, das für euch vergossen wird«, erklärte er ihnen.»Durch meinen Tod wird ein neuer Bund zwischen Gott und den Menschen geschaffen. Vergesst das nie. Ich gehe jetzt fort, aber Gott wird seinen Geist senden, der in euch wohnt und euch hilft.« Die Jünger aßen und tranken, wie Jesus ihnen gesagt hatte. Schon bald sollten sie besser verstehen, was er meinte.

Jesus lädt alle ein an seinen Tisch. In jeder Heiligen Messe versammeln wir uns in der Kirche um den Altar, den »Tisch des Herrn«. Er ist uns im Wort und in Brot und Wein gegenwärtig. Das Geheimnis der Eucharistie lässt sich jedoch nur in Verbindung mit der Passion und Ostern verständlich machen. Angesichts des Todes bekommt das letzte Abendmahl eine existentielle Bedeutung für Jesus und seine Freunde. Jesus fühlt sich selbst als »Opferlamm«, das am Paschafest nach jüdischem Gesetz in Erinnerung und Dank an den Auszug aus Ägypten geschlachtet wird. Er setzt sein Leben ein, opfert sich selbst: Alles, was ihm bleibt, sind seine Freunde, die Jünger. Ihnen gibt er alles, was er noch geben kann: Sich selbst in Brot und Wein. Aus der Abendmahlerfahrung erwächst das Eucharistieverständnis: Wer sich an diesen Tisch einladen lässt, bildet eine Gemeinschaft mit Jesus, begegnet Jesus im Brot der Eucharistie.

Verlauf
IM PLENUM

Begrüßung

Lied: *»Es läuten alle Glocken ...«*

Gebet:
Lieber Jesus,
wir sind heute morgen wieder alle hier versammelt,
um von dir zu hören,
miteinander zu singen, zu spielen und zu basteln.
Wir sind ganz gespannt, was wir heute von Jesus erfahren.
Wir freuen uns, dass wir hier mit vielen Kindern,
Jugendlichen und Erwachsenen zusammen sind.
Bleibe uns nahe und schenke uns einen fröhlichen Tag.
Schenke uns offene Augen, damit wir sehen, was andere brauchen.
Amen.

**Einführung mit dem Detektiv Fridolin Findheraus
und den beiden Kindern:**

→ **Vorbereitung:** *In einer Ecke steht ein gedeckter Tisch.*

D: Hallo, seid ihr heute auch wieder da?

Kind 1: Ja, ich ganz es kaum abwarten, was wir heute alles so erfahren.

Kind 2: Mensch, Fridolin Findheraus, war das gestern ein spannender Tag!

D: So genau habe ich noch nie über das Beten nachgedacht.

Kind 1: Ja, ich auch nicht.

D: Jetzt habe ich das »Vaterunser« erst so richtig verstanden!

Kind 2: Es ist schon gut, dass er uns das Gebet beigebracht hat.

Kind 1: Jesus selber hat ja auch gebetet in der Nacht, bevor er gestorben ist.

D : Ich kann mir gut vorstellen, wieviel Angst Jesus da hatte. Und dass er dann zu seinem Vater im Himmel betet, ist ja wohl ganz verständlich!

Kind 1: Stimmt! Gerade, wenn es uns nicht so gut geht, wenn wir Angst haben, wenn wir etwas Trauriges erlebt haben, kommen wir am ehesten auf die Idee zu beten.

D: Aber ich darf immer mit Gott sprechen und ihm alles sagen: ich kann ihm auch sagen, was schön ist und worüber ich mich freue.

Kind 2: Ja – und ich kann Gott sagen, wenn ich Angst habe und seine Hilfe brauche.

Kind 1: Ich kann Gott im Gebet danken und loben.

D: Dabei kann ich ein Gebet sprechen, das ich auswendig kenne oder ich kann sagen, was mir gerade so einfällt.

Kind 2: Ist schon eine tolle Sache. Und dann die Geschichte mit dem Tempel.

D: Du meinst, wie er schon als zwölfjähriger im Tempel gelehrt hat?

Kind 2: Ja, das auch. Aber auch als Jesus im Tempel klar Schiff gemacht hat.

D: Wie der die Leute im Tempel angemacht hat!
Kind 1:   Der war vielleicht wütend!
D: Ja – total wütend und zornig. Erinnert ihr euch, wie er die
          Tische und Stühle der Händler umgeworfen hat?
Kind 1:   Ja natürlich! Aber Jesus hatte auch allen Grund dazu.
          Der Tempel sah wirklich aus wie eine Räuberhöhle!
          Stell dir mal vor, so würden unsere Kirchen aussehen!?
Kind 2:   Lieber nicht!
D: Dann wollen wir mal hören und sehen, was heute so alles
          passiert.
Kind 1:   Ja, ich denke, wir sehen uns morgen wieder, oder?
D :   Warte mal, was sehe ich denn dort hinten?

1. Szene: Einer oder eine sitzt allein am gedeckten Tisch und langweilt sich.

D: Oh, das ist mir ja auch noch gar nicht aufgefallen!
Kind 1:   Da sitzt einer ganz alleine am Tisch!
Kind 2:   Der sieht aber gelangweilt aus! Oder ist er traurig?
D :   So alleine zu essen, ist ja auch nicht gerade schön!
          Das macht mir auch keinen Spaß!

2. Szene: Zwei Personen sitzen am Tisch; eine liest Zeitung, der andere isst.
Der Detektiv und die beiden Kinder unterhalten sich,
mit dem Rücken zum Tisch

D: Und guck mal! Jetzt sitzen dort zwei Personen!
Kind 1:   Na – viel zu sagen haben die beiden sich ja auch nicht!
Kind 2:   Stimmt! Die eine liest Zeitung und der andere schweigt auch!
D: Toll! Das scheint ja ein langweiliges Paar zu sein!
Kind 2:   Komm, hier passiert nichts mehr! Lass uns gehen!

Detektiv und die Kinder wollen gehen – dann hören sie fröhliche Stimmen!

3. Szene: Mehrere Menschen sitzen am Tisch; sie lachen, essen, unterhalten sich
und haben viel Spaß!

D: Warte! Mensch, die haben aber viel Spaß! Denen scheint es gut
          zu gehen!
Kind 2:   Gemeinsam schmeckt es ja auch viel besser!

Kind 1: Stimmt! Also dann bis morgen!

D: Tschüß ihr beiden!

Kind 1 und Kind 2: Ciao, Fridolin Findheraus!

Anspiel: Die wunderbare Brotvermehrung

Personen: Petrus, Andreas, Simon

Petrus und Simon haben Körbe in der Hand und sammeln Brotstücke vom Boden auf.

Simon: Also, ich bin immer noch ganz durcheinander.

Andreas: Mir geht es genauso. In den letzten Tagen ist so viel passiert, dass ich jetzt erst einmal über alles nachdenken muss.

Petrus: Ich war zuerst ganz schön sauer, als die Menschenmenge ankam, wo wir doch endlich mal unsere Ruhe haben wollten. Wir waren ja so lange unterwegs, seit Jesus uns losgeschickt hat. In seinem Auftrag haben wir den Menschen von Gott erzählt und viele wurden ja auch gesund. Ich hätte Jesus so gern erzählt, wie es uns unterwegs ergangen ist.

Andreas: Er hätte uns ja auch gerne zugehört.

Simon: Klar, deshalb hat er ja vorgeschlagen, mit dem Schiff über den See zu fahren, an eine einsame Stelle.

Petrus: Von wegen einsam. Das wäre schön gewesen! Ich verstehe gar nicht, wie schnell die Leute da sein konnten. Die Leute müssen ja gerannt sein!

Simon: Unglaublich, die scheuen keinen Weg, ihnen ist keine Entfernung zu weit, um Jesus zu treffen. Aber, wenn ich so nachdenke, dann freue ich mich auch: Wir haben ihnen ja auf unserer Reise auch gesagt: Kommt und schaut euch Jesus an. Der versteht euch. Der hat euch gern. Der kann euch helfen. Bei ihm sind alle willkommen!

Andreas: Nach dieser Einladung ist doch klar, dass sie alle gekommen sind.

Simon: Und dann die Predigt von Jesus vorhin. Die war ja total stark.

Mich hat das so gefreut, was Jesus gesagt hat. Da habe ich genau gemerkt: Der mag uns wirklich alle. Wir sind ihm ganz wichtig.

Petrus: So ging es mir auch. Ich weiß noch genau, was er sagte. Ein Gewimmel von Menschen war da, wie eine riesige Schafherde. Und dann fing Jesus an, zu ihnenzu reden. Mucksmäuschenstill ist es plötzlich geworden. Er hat so geredet, als würde Gott selbst zu uns sprechen. Ich glaube, jeder von uns hat gemerkt: Ich bin Gott wichtig, Gott nimmt mich an, so wie ich bin.

Andreas: Ja, und wie geduldig er dann noch die vielen Fragen der Menschen beantwortet hat. Dass er sich auch dafür noch die Zeit genommen hat! Also, ich muss noch mal sagen: Eigentlich wollte ich ja meine Ruhe haben. Deswegen habe ich Jesus vorgeschlagen: Schick doch die Leute nach Hause. Es wird schon dunkel und sie haben doch alle Hunger.

Petrus: Aber damit war Jesus nicht einverstanden. Wir sollten allen Menschen zu essen geben – merkwürdig, wie stellt er sich das denn nun vor, habe ich nur gedacht. Ich habe mich umgeschaut: Wie sollen wir diese Menschenmenge nur satt bekommen?

Andreas: Du hast dann ja auch gefragt: Sollen wir hingehen und Brot kaufen? Aber er hat deine Frage gar nicht beantwortet.

Petrus: Im Gegenteil, er hat gefragt: Wieviel Brote habt ihr? Geht hin und schaut nach!

Simon: Fünf Brote und zwei Fische haben wir von einem kleinen Jungen bekommen. Was sind fünf Brote und zwei Fische für die vielen, vielen Menschen, habe ich nur gedacht?!

Petrus: Wir haben Jesus dann die Brote gebracht. Ich werde nie vergessen, was dann geschah:
Alle setzten sich ins Gras und es sah so aus, als ob sie sich um einen gedeckten Tisch setzten. Dann hat Jesus das Brot in die Hände genommen. Er hob es auf, schaute zum Himmel hinauf und betete.

Andreas: Ja, und dann hat er uns austeilen lassen.

Simon: Und es hat tatsächlich für alle gereicht. Alle wurden satt, ja, mehr als satt! Ich kann noch immer nur staunen. 12 Körbe mit Brot sind noch übrig geblieben. Mehr als wir am Anfang hatten.

Petrus: Und dann habe ich mich umgeguckt. Da saß eine junge Frau neben mir. Zuerst sah sie ziemlich sauer aus; doch dann hat sie sogar ihre Wasserflasche rumgereicht und dabei sogar gelächelt.

Andreas: Später haben sie alle miteinander geredet. Total fremde Menschen teilten das Brot miteinander. Ich glaube, keiner fühlte sich mehr allein.

Petrus: Ich habe mir so meine Gedanken gemacht: Wenn Jesus erzählt und hilft, werden die Menschen dankbar und froh.

Andreas: Du hast Recht. Ich merke es auch immer mehr: Zu Jesus können wir Vertrauen haben.

Simon: Ja – Jesus versorgt uns mit allem, was wir zum Leben brauchen.

GRUPPENARBEIT, ca. 45 Min.

Ablauf in den Gruppen:

Ziel: Die Kinder sollen verstehen lernen, dass das gemeinsame Mahl Jesus sehr wichtig war. Den Kindern wird deutlich, dass Jesus alle Menschen eingeladen hat, unabhängig von ihrer Vergangenheit, Nationalität, sozialen Schichten oder ihrem Alter. Dies kann vorbildlich für unser Verhalten gegenüber Randgruppen unserer Gesellschaft sein.

→ **Benötigte Materialien:**
❏ Rätsel mit Backrezept[3] **(M 9)**
❏ Teller zum Bemalen für jedes Kind
❏ Porzellanfarbe
❏ Pinsel und Wasserbecher

3   Steinwede, Dieter, Ryssel, Ingrid (Hg.): Symbole spielen und erzählen; Kinder begleiten in Schule, Gemeinde und Familie; S. 30; Gütersloh, 1998.

Rätsel Rätsel Rätsel

....

🖉 *Finde die Namen der dargestellten Dinge und verändere die einzelnen Buchsta-*
ben jedes Wortes wie angegeben. Schreibe die neu entstandenen Wörter in die
Lösungskästchen:

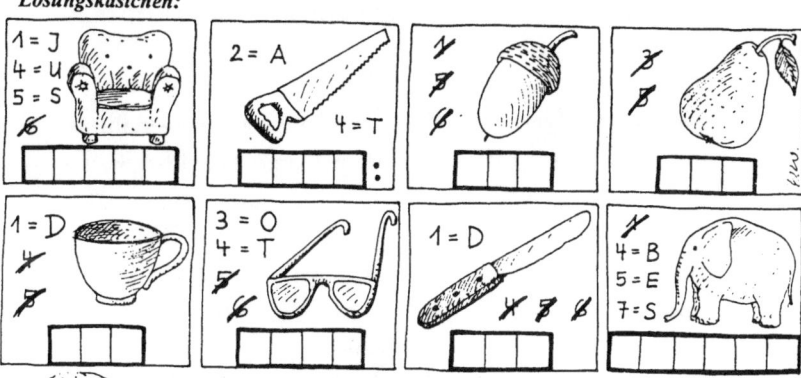

Wir backen Brötchen

1
500 g Weizenschrotmehl ·
350 ml Milch · 30 g Hefe ·
1 TL Salz · 2 TL Zucker ·
Sesam, Mohn oder Sonnen-
blumenkerne zum Bestreuen

Erhitze die Milch, bis sie
lauwarm ist. Gib eine halbe
Tasse davon zusammen mit dem
Zucker, 2 EL Mehl und der zerbröselten
Hefe in ein Glas, rühre gut um und
warte eine halbe Stunde. Dabei
kannst du zusehen, wie die
Hefe „geht": Es bilden sich
Blasen und der Schaum
im Glas steigt
hoch.

2
Siebe das restliche Mehl in eine
Schüssel, mache eine Kuhle in die
Mitte und gib die restliche Milch, das
Salz und das Hefegemisch dort hinein.
Verknete nun alles von außen nach innen zu
einem festen Teig. Wenn du den Teigkloß
gründlich durchgeknetet hast, lässt du
ihn in einer zugedeckten Schüssel eine
Viertelstunde gehen. Dabei quillt er
mächtig auf.

3
Forme nun etwa tennisballgroße
Brötchen aus dem Teig und lege sie
auf ein eingefettetes Backblech. Wenn du willst,
kannst du die Brötchen in Mohn, Sesam oder Sonnen-
blumenkernen wälzen. Ritze die Oberseiten mit
einem Messer ein und backe die Brötchen 25 - 30 Minuten im auf 230° vorgeheizten Backofen
goldbraun. Stelle ein Gefäß mit heis-
sem Wasser dazu, dann
trocknen sie nicht
s.

GESPRÄCH MIT DEN KINDERN:

L.: Gestern haben wir über das Beten gesprochen. Wir haben uns das Vaterunser genau angesehen und erfahren, dass Gott wie ein guter Vater ist, der uns auf allen unseren Wegen begleitet. Wir haben selber ein Gebet formuliert und einen schönen Gebetswürfel gebastelt.

Wir haben gerade im Anspiel gehört, dass Jesus mit ganz vielen Menschen Mahl gehalten hat.

Wer mag noch einmal erzählen, was passierte?

Jesus war oft von vielen Menschen umgeben. Sie alle wollten ihn sehen und hören. Viele Menschen spürten; wenn man Jesus zuhört, wird es einem leichter ums Herz. Sie haben gesehen, wie er Kranke gesund gemacht hat und Traurige wieder froh.

Jesus hat das wenige geteilt, und da war genug für alle da. Jesus wirkt wirklich Wunder. Jesus wirkt Wunder in den Herzen der Menschen: Keiner dachte mehr nur an sich selbst. Die Menschen haben sich verändert: Alle Menschen fühlten sich verbunden, sie fühlten sich wie Brüder und Schwestern. Dort wo Jesus ist, dort entsteht Gemeinschaft. Vielleicht hatten einige Menschen auch noch etwas Brot dabei. Und als sie gesehen haben, dass Jesus das wenige ausgeteilt hat, da haben sie vielleicht auch ihre Sachen mit anderen geteilt. Mit Jesus werden alle satt, da gibt es keine Not.

Wisst ihr, wie das ist, wenn man mit anderen zusammen ist und einer etwas Gutes zum Essen auspackt – und ihr habt nichts dabei? Und kennt ihr auch das Gefühl, wenn euch dann etwas abgegeben wird, wenn jemand mit euch teilt? Was ist, wenn jeder nur wenig zum Essen dabei hat?

Wenn jeder auspackt, was er dabei hat, kommt manchmal ganz schön viel zusammen. Und wenn wir dann noch teilen, dann kann es sein, dass jeder satt wird. So ähnlich muss es den Jüngern damals auch ergangen sein: Alle haben das geteilt, was sie dabei hatten. Alle haben aufeinander geachtet, so dass es für alle reichte. Es ist eine große Gemeinschaft entstanden. Die Menschen damals haben erfahren, dass es gut ist, bei Jesus zu sein – dann braucht sich keiner zu sorgen. So geht es uns auch heute noch: Wenn wir Jesus in unserem Leben einen Platz geben, geht es uns gut. Er wirkt auch heute noch Wunder – wir müssen nur genau hinschauen.

Im Anspiel mit unserem Detektiv Fridolin Findheraus habt ihr sicherlich eine Beobachtung gemacht. Wisst ihr, worauf ich hinaus will?

Richtig – Einer saß allein und hat gegessen, zwei saßen gelangweilt am Tisch, doch die dritte Gruppe war fröhlich: gut gelaunt haben sie miteinander gegessen und getrunken!

Wie essen und trinken wir? Was ist am gemeinsamen Essen und beim Feiern besonders wichtig? Warum essen Menschen nicht gern allein? Miteinander am Tisch sitzen, essen und trinken, das ist etwas Schönes. Wir können erzählen und erfahren Gemeinschaft. Besonders schön ist das Essen an Festtagen. Dann ist der Tisch extra schön geschmückt. Wenn wir gemeinsam essen, müssen wir Rücksicht nehmen und darauf achten, dass jeder etwas bekommt. Allein essen ist langweilig, macht keinen Spaß; in Gemeinschaft zu essen ist viel unterhaltsamer.

L.: Kennt ihr andere Geschichten aus der Bibel, in denen Jesus mit anderen isst?

Jesus isst mit dem Zöllner Zachäus

Die Hochzeit zu Kana

Jesus ißt im Haus des Pharisäers

Das letzte Abendmahl

Jesus bei Maria und Marta

Die Emmausjünger

Die Kinder erzählen lassen und gegebenenfalls unterstützen und ergänzen.

Gesprächsüberleitung zur Heiligen Messe:

L.: Für uns Christen ist jeder Sonntag ein Festtag. Wir feiern jeden Sonntag in der Heiligen Messe auch ein Mahl; ein Mahl mit Jesus. Wenn wir in der Kirche das Mahl mit Jesus feiern, dann denken wir nicht nur an das letzte Abendmahl, das Jesus mit seinen Jüngern gefeiert hat. Wir denken an sein ganzes Leben: daran wie er zu den Menschen war, und an die vielen Mahlzeiten, die Jesus mit anderen eingenommen hat.

Brot und Wein sind zunächst einmal Nahrungsmittel. Das tägliche Brot ist für uns lebensnotwendig. Ohne Brot könnten wir nicht leben.

Wofür könnte Brot sonst noch ein Zeichen sein? Was brauchen Menschen sonst noch zum Leben? Was brauchen wir wie das tägliche Brot? Was benötigen wir, damit unser Leben gelingt, damit es gut ist?

Brot ist nicht nur das Nahrungsmittel. Auch wir Menschen können Brot füreinander sein: Menschen, die ihr Leben für andere einsetzen, die für andere da sind, die sich um Menschen kümmern, die nicht für sich selber sorgen können, Menschen, die teilen. Unsere Eltern sind Brot für uns: Wir sind auf ihre Liebe und Zuwendung angewiesen – sie sind für uns wie das tägliche Brot lebensnotwendig.

Liebe und Fürsorge, Gemeinschaft und Freude, Zuwendung und Geborgenheit – das brauchen wir wie das Brot; wenn wir miteinander reden, wenn wir bereit sind zum Teilen; wenn wir andere trösten, wenn sie traurig sind, dann sind wir selbst Brot.

Im Vaterunser bitten wir: »Unser tägliches Brot gib uns heute«. Unzählige haben kein Brot. Sie sterben vor Hunger. Weil wir genug haben, haben wir die Aufgabe zu teilen und Bedürftigen zu helfen.

Wofür könnte Wein ein Zeichen sein?

Wein ist ein Zeichen der Lebensfreude und des Festes. Menschen trinken Wein, wenn sie feiern und wenn sie sich freuen.

L.: Ich habe hier ein Rätsel; ich möchte euch bitten, es auszufüllen. Als Lösung ergibt sich ein Wort, das Jesus gesagt hat. Wenn ihr mögt, könnt ihr zu Hause nach dem angegebenen Rezept Brötchen backen.

Die Kinder lösen das Rätsel.

Lösung:

Jesus sagt: Ich bin das Brot des Lebens

Abschließendes Gespräch:

L.: Wer kann mir erzählen, was beim letzten Abendmahl geschah?

Als es Abend wurde, setzte sich Jesus mit seinen zwölf Freunden zu Tisch. Während des Mahls nahm Jesus das Brot und sprach den Lobpreis. Dann brach er das Brot, reichte es den Jüngern und sagte: Nehmt und esst, das ist mein Leib! Dann nahm er den Kelch, sprach das Dankgebet und reichte ihn seinen Jüngern mit den Worten: Trinket alle daraus, das ist mein Blut, das Blut des neuen Bundes, das für viele vergossen wird zur Vergebung der Sünden. Tut dies zu meinem Gedächtnis.

Brot und Wein in der Heiligen Messe stellen die tiefste Jesusbegegnung dar. Jesus begegnet uns im Brot und im Wein, so wie ein Freund uns zum Beispiel im Brief begegnet: Dieser Freund ist nicht da, trotzdem spüren wir seine Gegenwart, wir wissen um ihn, wir sehen ihn vor uns, er ist uns so ganz nah.

Brot und Wein in der Heiligen Messe sind ein Geschenk: Jesus schenkt sich uns im Brot und im Wein. Er gibt sich für uns hin: das Brechen des Brotes ist ein Zeichen dafür. Wir Menschen gewinnen durch Jesus in der Kommunion eine neue Beziehung zu Gott. Wir Christen brauchen deshalb das Brot der Eucharistie so nötig wie das tägliche Brot. In ihm gewinnen wir Gemeinschaft mit Gott und untereinander. Diese Gemeinschaft wirkt sich dann aber auch auf die Gemeinde aus: Durch Jesus sind wir eine große Gemeinschaft.

FRÜHSTÜCK UND PAUSE, ca. 30 Min.

GRUPPENARBEIT, ca. 60 Min

Kreativphase:
Teller mit Porzellanfarbe bemalen.

III. KREATIVPHASE:

L.: Wir haben gehört, dass Jesus immer wieder mit ganz verschiedenen Menschen gegessen hat. Dann war er den Menschen ganz nah. Damit wir oft daran denken, dass er auch uns ganz nahe sein will, bemalen wir jetzt unseren Teller.

Die Kinder gestalten ihre Teller: Rand verzieren, Name aufzeichnen, Blumen, Brot, Kreuz, eventuell mit einem Gebet versehen etc.

Kurze Zusammenfassung des Tages

Gebet:
Guter Jesus,
wir hatten einen schönen Vormittag.
Wir sind dankbar und freuen uns schon auf morgen.
Wir wissen, dass du uns alle satt machen kannst.
Das macht uns froh und mutig für unser Leben.
Lass uns dabei auch an andere Menschen denken:
lass uns erkennen, was die anderen brauchen,
und lass uns teilen, wenn wir genug haben.
Bleibe bei uns auf unseren Wegen
und begleite uns auf dem Weg nach Hause.
Amen.

Lied: *»Danke für Gottes große Liebe ...«*

Entlassung

4. Tag: Jesus erzählt den Menschen in Gleichnissen

Einführung:
Wenn wir auf das Leben Jesu schauen, stoßen wir immer wieder auf Situationen, in denen er seinen Freunden, Kindern und Jugendlichen, Frauen und Männern die frohe Botschaft seines Vaters näherbringen wollte. Jesus lehrte, predigte und erzählte in den Gleichnissen. Gleichnisse sind Geschichten, die es den Menschen damals und auch uns heute noch erleichtern sollen, Jesu Botschaft zu verstehen.

Wenn wir die frohe Botschaft Jesu an die Kinder weitergeben, können wir das tun, indem wir erzählen. So hat es Jesus selber gemacht, wenn er von seinem Vater im Himmel und vom Reich Gottes sprach. Er hat den Menschen, die ihm zuhörten oder als Jünger nachfolgten, in Bildern und Geschichten ausgemalt, wer und wie Gott ist. Diese Geschichten und Gleichnisse sind Bilder, um wichtige Glaubensaussagen verständlich zu machen.

Die Gleichnisse führten den damaligen Hörer in eine vertraute Welt. Heute müssen die biblischen Geschichten übersetzt werden, sonst können wir ihre Botschaft nicht verstehen. Dabei ist zu bedenken, dass die Erzählungen Jesu bereits in den frühen Christengemeinden ausgeschmückt und gedeutet wurden, noch bevor sie in den Evangelien aufgeschrieben werden konnten. Dadurch wurde gelegentlich der ursprüngliche Sinn verschoben oder verdeckt. Der springende Punkt, die Erkenntnis, auf die es Jesus ankam, ist so nicht immer leicht erkennbar, obwohl es sich bei den Gleichnissen um ganz schlichte Erzählungen handelt.

Wenn wir den Kindern Geschichten aus der Bibel erzählen, können sie entdecken, dass sie mit ihren Freuden und Traurigkeiten nicht alleine dastehen, dass es zu jeder Zeit Menschen gab und gibt, die ähnliches erleben. Die Kinder erfahren durch die Bibelgeschichten die liebevolle Zuwendung Gottes zu uns Menschen. Sie erkennen – wenn sie das Leben Jesu Christ betrachten, dass er Trost spendet, Freude bringt, Ermutigung und Hoffnung schenkt, Versöhnung und Frieden stiftet. Die Kinder dürfen sich durch diese heilende und liebende Nähe umsorgt und gehalten wissen. Vielleicht scheint ja in der Umarmung eines lieben Menschen, einem aufmunternden Lächeln oder einem ermutigenden Wort die Liebe Gottes durch und wird für unsere Kinder erfahrbar.

Nachfolgende Erzählungen aus der Bibel können an diesem Kinderbibeltag gemeinsam mit den Kindern ergründet werden:

Jesus – der gute Hirte (vgl. Lk 15, 1-7)

Jesus liebte alle Menschen. Für ihn waren alle Menschen gleich. Alle brauchten seine Hilfe. Aber Jesus ging vor allem zu den Sündern, zu den Ausgegrenzten, zu den Einsamen und den Kranken. Denn sie brauchten ihn besonders. »Immer geht er zu den Zöllnern und Sündern! Er ist gut zu ihnen und isst sogar mit ihnen! Und uns lässt er dann allein!« sagten einige Menschen ärgerlich. Jesus aber erzählte ihnen diese Geschichte: Ein Mann besaß hundert Schafe; eines davon ging verloren. Da machte sich der Schäfer auf, um das eine Schaf zu suchen. Als er es gefunden hatten, freute er sich und trug es nach Hause. So ist es auch im Himmel: Es ist eine größere Freude über einen Sünder, der sich bekehrt, als über 99 Gerechte.

Wer damals in Israel hundert Schafe besaß, war nicht gerade reich. Er musste seine Herde selber hüten und konnte es sich nicht leisten, auch nur eines der Tiere zu verlieren. Dennoch ist es unvernünftig, die Herde sich selber zu überlassen, nur um ein einziges Schaf zu suchen. Wenn es um Menschen geht, handelt Gott unvernünftig, sagt Jesus. Er geht dem Menschen nach, damit er die Frohe Botschaft hören und annehmen kann. Jesus sagt mit diesem Gleichnis: Gott ist wie ein Hirte. Er liebt alle Menschen. Er liebt auch die, die Sünder, die von ihm weglaufen. Er bemüht sich um die Verlorengegangenen, er geht ihnen nach und scheut dabei auch keinen noch so anstrengendem Weg. Gott freut sich wie ein Hirte, wenn er einen verirrten Menschen wieder zur Herde zurückführen kann. Gott, der gute Hirte, sorgt für uns, führt uns auf den rechten Weg und lässt uns nicht im Stich.

Das Gleichnis vom barmherzigen Samariter (vgl. Lk 10,25-37)

Auf die Frage »Wer ist mein Nächster?« antwortete Jesus mit der folgenden Geschichte: Ein Mann ging von Jerusalem nach Jericho. Unterwegs wurde er von Räubern überfallen. Sie schlugen ihn nieder, nahmen ihm alles ab, was er besaß, und ließen ihn hilflos liegen. Drei Männer kamen an ihm vorbei. Ein Priester, ein Tempeldiener und ein Ausländer. Die ersten beiden taten so, als bemerkten sie den Hilflosen nicht. Der Samariter aber, ein Ausländer, versorgte den Verletzten und brachte ihn in eine Herberge. Dort zahlte er für den Verletzten alles.

Wer mit Jesus geht, für den sind alle Menschen wie Geschwister. Jesus wendet sich allen zu, deswegen sollen auch wir die Menschen lieb haben, besonders jene, die keinen anderen Helfer finden. So hilft im Gleichnis ausgerechnet der Samariter, ein Ausländer, dem Überfallenen. Dieser, der halbtot war, wird durch die Zuwendung eines anderen wieder Mensch. Jesus zeigt uns mit dieser Geschichte: Dein Nächster ist jeder Mensch, der Hilfe braucht. Er zeigt uns, wie wir mit unseren Nächsten, mit unseren Mitmenschen umgehen sollen. Wir sind aufgerufen, uns der Armen und Schwachen anzunehmen und Jesu Liebe weiterzuschenken. Vielleicht hilft uns das Gleichnis, sensibel für die Not und den Ruf unserer Nächsten zu werden.

Das Gleichnis vom Sämann (vgl. Mt 13,1-8)

Eines Tages verließ Jesus das Haus und setzte sich an das Ufer des Sees. Da versammelte sich eine große Menschenmenge um ihn. Er stieg deshalb in ein Boot und setzte sich. Dann sprach er lange mit den Leuten und erzählte dabei folgendes Gleichnis:

Er sagte: Ein Sämann ging aufs Feld, um zu säen. Als er säte, fiel ein Teil der Körner auf den Weg und die Vögel kamen und fraßen sie.

Ein anderer Teil fiel auf felsigen Boden, wo es nur wenig Erdreich gab. Er ging sofort auf, weil das Erdreich nicht tief war. Als aber die Sonne hoch stieg, wurde die Saat versengt und verdorrte, weil sie keine Wurzeln hatte.

Wieder ein anderer Teil fiel in die Dornen und die Dornen wuchsen und erstickten die Saat.

Ein anderer Teil schließlich fiel auf guten Boden und brachte Frucht, teils hundertfach, teils sechzigfach, teils dreißigfach.

Jesus vergleicht die Menschen mit einem Acker, auf dem Samen ausgesät wird. Jesus sagt: Nicht jedes Samenkorn wächst. Nicht bei allen Menschen kann das Wort Gottes wachsen. Nicht jeder Mensch glaubt an Jesus und lässt Gottes Wort, lässt Gottes Liebe in sich wachsen.

Verlauf

Begrüßung: »*Wenn einer sagt:* »*Ich mag dich...*«

Lied

Gebet:
Guter Jesus,
wir sind heute morgen wieder froh versammelt
und freuen uns auf unseren letzten Tag der Kinderbibelwoche.
Wir haben in dieser Woche viel von dir gehört und erfahren.
Jesus, du rufst alle Menschen zu dir.
Du bist unser Freund und Bruder.
Jeden Schritt unseres Lebens gehst du mit uns.
Wir danken dir, dass du uns nie alleine lässt.
Hilf uns, so zu leben, wie du es von uns erwartest.
Schenke uns noch eine schöne, gemeinsame Zeit.
Amen.

Einführung mit dem Detektiv Fridolin Findheraus und den beiden Kindern

Kind 1:	Hallo, Fridolin Findheraus!
Kind 2:	Na, bist du heute auch wieder da?
D:	Ja natürlich! So etwas Interessantes erlebt man ja schließlich nicht jeden Tag!
Kind 1:	Stimmt! Wie gut, dass wir Jesus auf die Spur gekommen sind.
D:	Gut, dass uns die Kinder geholfen haben – ich weiß nicht, wo wir heute noch gesucht hätten!
Kind 1:	Ist schon eine tolle Sache, was hier geschieht!
D:	Kinder, Jugendliche, Erwachsene – Klasse, was die so alles zusammen machen!
Kind 2:	Du, ich glaube aber, heute ist der letzte Tag – ich habe so etwas vernommen!

D:	Nein, nein – stimmt nicht ganz. Sonntag scheint hier auch noch der Bär los zu sein!
Kind 2:	Sonntag?
D:	Ja – dann ist Abschluss. Dann wird so richtig gefeiert. Ganz viele Menschen sind eingeladen!
Kind 2:	Meinst du, dass wir da auch hinkommen dürfen?
D :	Natürlich – jeder ist eingeladen! Es wird ein großes Mahl gefeiert.
Kind 2:	So ein Mahl, wie wir es gestern erlebt haben? Diese tolle Sache mit den vielen Broten? Oder wie Jesus kurz vor seinem Tod das letzte Abendmahl gefeiert hat? Oder – wie hieß dieser merkwürdige Vogel noch – Oberzöllner war er – Zebedäus – ach ne – Alpäus – auch nicht!
D:	Du meinst Zachäus. Den hat Jesus doch vom Baum gerufen und sich dann bei ihm zum Essen eingeladen.
Kind 1:	Und diesen Zöllner Matthäus, der später zu seinen Jüngern gehörte!
D:	Und bei diesem Levi, auch ein Zöllner, da war Jesus doch auch zum Essen eingeladen.
Kind 2:	Was wir heute wohl alles erfahren?
D:	Ja, ich bin auch ganz gespannt!
Kind 1:	Oh – da hinten geht es schon wieder los!
D:	Nah, dann wollen wir uns mal verziehen.
Kind 1:	Ich denke, Fridolin Findheraus, wir sehen uns Sonntag!
D:	Klar – Mach's gut! Tschüß!
Kind 2:	Bis Sonntag, Fridolin Findheraus!

Das Gleichnis vom Sämann

→ **Benötigte Materialien:**
- ☐ Blumentopf mit harter Erde
- ☐ Vertrocknete Pflanze
- ☐ Blumentopf mit Dornen
- ☐ Blumentopf mit einer gesunden grünen Pflanze

ErzählerIn:
Eines Tages verließ Jesus das Haus und setzte sich an das Ufer des Sees. Da versammelte sich eine große Menschenmenge um ihn. Er stieg deshalb in ein Boot und setzte sich; die Leute aber standen am Ufer. Und er sprach lange zu ihnen und erzählte folgendes Gleichnis.

Jesus sagte: Ein Sämann ging aufs Feld, um zu säen. Als er säte, fiel ein Teil der Körner auf den Weg und die Vögel kamen und fraßen sie.

Blumentopf mit harter Erde wird gezeigt.

Ein anderer Teil fiel auf felsigen Boden, wo es nur wenig Erdreich gab. Er ging sofort auf, weil das Erdreich nicht tief war. Als aber die Sonne hoch stieg, wurde die Saat versengt und verdorrte, weil sie keine Wurzeln hatte.

Dürre oder vertrocknete Pflanze wird gezeigt.

Wieder ein anderer Teil fiel in die Dornen und die Dornen wuchsen und erstickten die Saat.

Blumentopf mit Dornen wird gezeigt.

Ein anderer Teil schließlich fiel auf guten Boden und brachte Frucht, teils hundertfach, teils sechzigfach, teils dreißigfach.

Gesunde, grüne Pflanze wird gezeigt!

GRUPPENARBEIT, ca. 90 Min.

Ablauf in den Gruppen:

Ziel:
Die Kinder sollen erfahren, dass Jesus in Gleichnissen von Gott erzählt, um zu sagen, wie Gott ist, dass Gott es gut mit den Menschen meint.

→ Benötigte Materialien:

❐ Wellpappe

❐ Bilder vom Guten Hirten (Sieger Köder) **(M 10)**

❐ Klebstoff, Lineal und Bleistift

I. GESPRÄCH MIT DEN KINDERN:

Möglicher Gesprächseinstieg:

L.: Wir haben in den letzten Tagen viel von Jesus erfahren – wir sind seinen Spuren gefolgt. Wir haben gehört, wie er Menschen heilte, wie er gebetet hat und uns das Beten gelehrt hat, wie er immer wieder mit ganz verschiedenen Menschen gegessen, getrunken und gefeiert hat. Heute hören wir, wie Jesus zu den Menschen spricht: er predigt, er lehrt und er erzählt Geschichten und Gleichnisse. In der Bibel stehen viele Geschichten, die Jesus den Menschen erzählt hat. Jesus wollte mit den Geschichten den Menschen etwas zeigen. Meistens wollte er ihnen etwas über Gott sagen. Er konnte ja kein Bild hinhalten und sagen: so sieht Gott aus. Aber mit Geschichten kann man zeigen, wie Gott ist.

Wir haben vorhin drei kurze Anspiele gesehen. Wer kann mir noch sagen, was für Gleichnisse gespielt wurden?

1. Das Gleichnis vom guten Hirten (Das verlorene Schaf)
2. Das Gleichnis vom Sämann
3. Das Gleichnis vom barmherzigen Samariter

1. Das Gleichnis vom guten Hirten

Wer möchte noch einmal erzählen, was im Gleichnis vom »guten Hirten« passierte? Kennt ihr Hirten? Was machen sie?

L.: Als Jesus lebte, verbrachten Hirten Tag und Nacht mit ihren Schafen. Deshalb waren sie oft ungepflegt, rochen schlecht und wurden von den anderen verachtet. Damals hatten Hirten viele Aufgaben:

Sie mussten gute Weiden und die Wege zu ihnen kennen, denn das Land war großenteils steinig und es gab nur wenig Gras und grüne Pflanzen.

Sie mussten Wasserstellen kennen, damit die Tiere nicht verdursteten.

Sie pflegten kranke, schwache und verletzte Schafe.

Wenn ein Schaf verlorenging, mussten die Hirten danach suchen. Auch heute gibt es noch Hirten, meistens werden sie Schäfer genannt. Oft hüten sie bis zu zwölf Stunden am Tag ihre Herden, manchmal ihre eigenen Tiere, aber auch manchmal die Tiere fremder Bauern. Was wollte Jesus wohl mit dem Gleichnis vom »guten Hirten« sagen? Mit dieser Geschichte hat Jesus den Menschen gesagt: So wie dieser Hirte zu seinem Schaf ist, so ist Gott zu uns Menschen. Der Hirte sucht jedes Schaf, das verloren gegangen ist. Gott schaut nach jedem Menschen. Er freut sich über jeden, den er findet. Auch wir gehören zu ihm und er sorgt für uns.

Jesus stellt uns Gott als den guten Hirten vor, dem jeder Mensch wichtig ist, dessen Sorge uns allen gilt, selbst wenn wir Fehler machen, selbst wenn wir Unrecht tun oder davonlaufen. Er ist für uns da, liebt uns und versteht uns, wir sind ihm wichtig, wie das Schaf dem guten Hirten. Gott ist wie ein guter Hirte. Er kennt uns. Er mag jeden einzelnen von uns. Er nimmt lange Wege auf sich, um zu suchen, was verloren gegangen ist. Er scheut keinen Weg. Er sorgt sich um die, die sich verlaufen, die sich verrennen, die vom Weg abkommen, die Böses tun. Wer könnte das verlorene Schaf sein?

Gott liebt alle Menschen: Er liebt die, die immer bei ihm sind und gut sind. Er liebt aber auch die Sünder, die von ihm weglaufen. Er bemüht sich besonders um die Verirrten und geht ihnen nach. Er bemüht sich um alle die, die ihn besonders brauchen. Die Hirten zur Zeit Jesu hatten einen Hirtenstab. Einen Hirtenstab hat auch jeder Bischof und der Papst in Rom. Warum wohl? Warum wird der Pastor mit einem »Hirten« verglichen und wir mit »Schafen«? Ein Pastor, ein Vikar einer Gemeinde oder andere pastorale MitarbeiterInnen in der Pfarrgemeinde sind verantwortlich für eine große »Herde«: ganz viele Menschen gehören zu einer Gemeinde: Kinder, Jugendliche, Erwachsene, ältere Menschen. Jesus will uns mit dieser Geschichte sagen, dass wir ihm wichtig sind, so wie das Schaf dem guten Hirten. Er will sagen, dass wir manchmal auch einen »guten Hirten« brauchen, der uns liebevoll zeigt, wo wir hingehören. Auch wir können »gute Hirten« sein, wenn wir dem anderen zeigen: Du bist mir wichtig.

Du kannst dich auf mich verlassen.
Du brauchst nicht allein zu sein.
Ich bin für dich da.
Ich habe Zeit für dich.
Ich halte auch zu dir, wenn du vom Weg abkommst. Ich helfe dir, zurückzufinden.

2. Das Gleichnis vom Sämann

Und was wollte Jesus uns mit dem Gleichnis vom »Sämann« sagen?

L.: Wir wissen natürlich, dass Jesus uns mit der Geschichte etwas sagen will. Der Samen in der Geschichte ist das Wort Gottes, das den Menschen erzählt wird. Jesus vergleicht die Menschen mit einem Acker, auf dem Samen ausgesät wird. Jesus sagt: Nicht jedes Samenkorn wächst. Nicht bei allen Menschen kann das Wort Gottes wachsen. Nicht jeder Mensch glaubt an Jesus und lässt Gottes Wort, lässt die Liebe Gottes in sich wachsen.

Ein Topf mit harter Erde: Gottes Wort hat kaum eine Chance aufzugehen. Es gibt Menschen, die haben ein Herz, das dem steinigen Boden gleicht. Sie hören schlecht zu und sind kaum bei der Sache.

Eine vertrocknete Pflanze steht für Menschen, die das Wort Gottes zwar hören und sofort freudig aufnehmen, aber unbeständig sind. Es gibt Menschen, die hören zwar zu, versuchen auch so zu leben, wie Jesus es uns gezeigt hat, geben aber nach kurzer Zeit auf.

Ein Topf mit Dornen: In die Dornen ist der Samen bei dem gefallen, der das Wort zwar hört, aber es dann vor lauter Sorgen oder oberflächlichen Dingen vergisst. Der Samen bringt so keine Frucht.

Eine gesunde Pflanze: Auf guten Boden ist der Samen bei dem gesät, der das Wort hört und es auch versteht. Er bringt dann Frucht, hundertfach oder sechzigfach oder dreißigfach. Und es gibt Menschen, die hören zu, die sind mit dem Herzen dabei und vergessen es nicht sofort wieder. Auch in schwierigen Situationen hören sie nicht auf, andere Menschen zu lieben, ihnen zu helfen und ehrlich zu leben.

L.: Gott möchte, dass wir alle reiche Frucht bringen. Er will, dass unser Leben gelingt, er will, dass wir uns immer wieder für Jesus öffnen, damit das

Gute in uns wachsen kann. Er möchte in uns den Samen des Guten legen, die Samen der Freundlichkeit und Rücksicht, der Hilfsbereitschaft, der Liebe und Geduld.

Jesus will, dass die *Liebe* in der Welt wächst. Wir können mithelfen, dass die Liebe wächst, indem wir Gutes tun und teilen, indem wir Menschen unsere Zuwendung, unsere Zeit schenken.

Jesus will, dass in der Welt die *Freude* immer größer wird. Wir können mithelfen, dass die Freude wächst, indem wir anderen Freude machen.

Jesus will, dass in der Welt die *Hoffnung* immer größer wird. Wir können mithelfen, dass die Hoffnung wächst, indem wir anderen beistehen und sie trösten, indem wir ermutigende Worte sprechen.

Jesus will, dass in der Welt der *Friede* wächst. Wir können mithelfen, dass der Friede wächst, indem wir uns vertragen; indem wir uns nach einem Streit die Hand der Versöhnung reichen.

Jesus will, dass in der Welt auch der *Glaube* größer wird. Wir können mithelfen, dass der Glaube wächst, indem wir miteinander beten und versuchen so zu leben, wie Jesus es uns gezeigt hat.

Wir alle sollen »mitbauen« am Reich Gottes. Das Gute, das wir tun, jede Anteilnahme, jeder Verzicht auf einen Streit ... ist ein Samen, der Gutes wachsen lässt.

Kennt ihr noch mehr Gleichnisse? Wer mag noch ein Gleichnis erzählen?

Das Gleichnis vom guten Vater
Das Gleichnis vom Sauerteig

L.: Jesus hat damit angefangen, am Reich Gottes »zu bauen«:
Die Kinder hat er nicht weggeschickt, sondern zu sich eingeladen.
Den Zöllner Zachäus hat er nicht verachtet, sondern besucht.
Aussätzige hat er geheilt.
Dem blinden Bartimäus hat er die Augen geöffnet.
Dem Gelähmten gab er neuen Lebensmut.

Wo Menschen füreinander da sind, wo sie gut miteinander umgehen, wo Mutlose ermutigt werden, wo Traurige Trost finden, wo Kranke besucht und versorgt werden, wo Einsame Freunde finden; wo Streitereien aufhören, wo Ungerechtigkeit aufhört, wo viele freundlich sind, wo jeder Rücksicht nimmt ... da sind schon Samen des Guten gesät.

3. Das Gleichnis vom barmherzigen Samariter

Wer kann noch einmal erzählen, was im Gleichnis vom »Barmherzigen Samariter« passierte?

Die Menschen, mit denen wir zusammenleben, helfen uns, wenn es notwendig ist: Eltern, Geschwister, Großeltern, Verwandte, aber auch Nachbarn, Freunde, Lehrer, Mitschüler, Pastor, Vikar, GruppenleiterInnen ...

Habt ihr schon einmal Hilfe gebraucht? Wenn ja, wann? Wer mag davon erzählen?

Ich möchte euch einige Beispiele erzählen:

jemand war da, als ich Probleme hatte,

hat mir Mut gemacht, als etwas daneben ging,

war bei mir, als ich Angst hatte,

hat mir einen Rat gegeben, als ich nicht weiter wusste,

hat mir gut zugeredet, als ich traurig war,

hat mich besucht, als ich mich einsam fühlte,

ließ mich nicht allein, als es mir schlecht ging ...

Was meint ihr, wem können wir helfen?

Wir könnten zum Beispiel:

Wenn jemand Angst hat, bei ihm bleiben.

Jemanden, der krank ist, besuchen.

Einem Jammernden liebevoll zuhören.

Einen Traurigen trösten.

Jemanden, der sich aufregt, beruhigen.

Einem weinenden Kind gut zureden ...

L.: Nicht immer helfen wir, wenn es nötig ist. Manchmal benutzen wir Ausreden. »Ich habe keine Zeit; ich habe keine Lust; die sind selber schuld; auf mich kommt es nicht an ...« Darum erzählt Jesus uns die Geschichte vom guten oder barmherzigen Samariter.

Was wollte Jesus wohl mit dem Gleichnis vom »barmherzigen Samariter« sagen?

Jesus will uns sagen, dass wir denen helfen sollen, die in Not sind; dass jeder mein Nächster ist; dass Nächstenliebe in die Tat umgesetzt wird.

Nächstenliebe ist: für den da sein, der uns braucht!

Helfen ist: Nicht wegsehen, sondern hinsehen!

Helfen ist: Nicht vorbeigehen, sondern hingehen!
Nicht weghören, sondern zuhören!
Nicht gleichgültig sein, sondern etwas tun!

Interessant ist, dass Jesus in dieser Geschichte gerade das Handeln eines Samariters in den Vordergrund stellt. Die Juden damals verachteten die Samariter. In der Geschichte handelt nun gerade solch ein Samariter menschlich. Er hat keine Vorurteile gegen den, der da liegt, obwohl er annehmen muss, dass er Jude ist. Zudem leistet er nicht nur erste Hilfe, sondern sorgt weiter für den Verletzten, bringt ihn in eine Herberge, zahlt, damit es ihm auch in den nächsten Tagen gut geht.

II. KREATIVPHASE:

L.: Wir haben gehört, dass Gott wie ein guter Hirte ist, wie ein guter Vater. Ich habe hier ein Bild – dazu wollen wir nun einen passenden Bilderrahmen basteln.

Aus Wellpappe zwei Rechtecke (18 x 14 cm) ausschneiden. Nun wird von einem Teil in der Mitte (in Bildgröße – jeweils ca. 3 cm vom Rand entfernt) ein Teil herausgeschnitten. Aus diesem Teil wird die Bilderrahmenstütze gebastelt. Wichtig: Eine Seite offen lassen, damit das Foto eingeschoben werden kann!

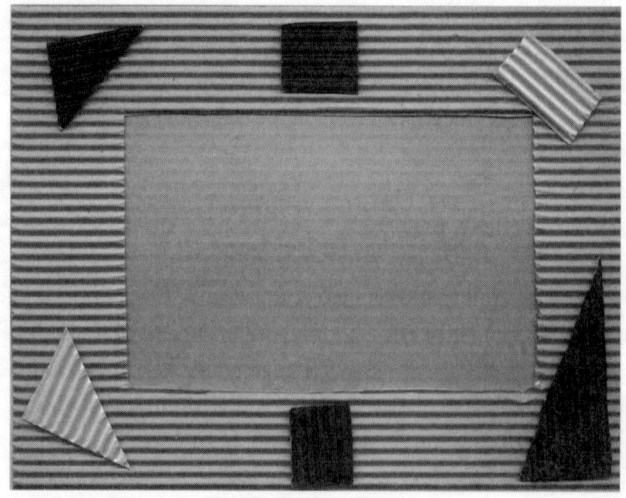

M 10

Quelle: Der gute Hirte

© Rottenburger Kunstverlag

VER SACRUM,

72108 Rottenburg,

Best.-Nr. 840 D

PAUSE, ca. 15 Min.

GEMEINSAMES ABSCHLUßFRÜHSTÜCK IM PLENUM, ca. 30 Min.

Wir haben gehört, dass Jesus immer wieder Mahl mit den Menschen gefeiert hat. Wir wollen jetzt auch zum Abschluss ein gemeinsames Mahl halten.

TREFFEN IN DER KIRCHE

Zusammenfassung /
Wiederholung der Texte der Kinderbibelwoche

Anschauen von Dias:

1. Tag – Jesus heilt: Jesus und der Gelähmte
2. Tag – Jesus lehrt uns Beten: Der zwölfjährige Jesus
3. Tag – Jesus hält Mahl: Brotvermehrung
4. Tag – Jesus erzählt den Menschen: Das verlorene Schaf

Gebet:
Danke, guter Gott, für diese schöne Kinderbibelwoche.
Wir danken dir für Jesus, deinen Sohn unseren Bruder und Freund.
Jesus, du hast gesagt: Ich bin der Weg.
    Dir folgen wir.
Jesus, du hast gesagt: Ich bin die Wahrheit.
    Dir vertrauen wir.

Jesus, du hast gesagt: Ich bin das Leben.
  An dich glauben wir.
Jesus, du hast gesagt: Ich bin das Brot.
  Wir teilen miteinander.
Jesus, du hast gesagt: Ich bin der gute Hirte.
  Zu dir gehören wir.
Jesus, du hast gesagt: Ich bin der Weinstock.
  Deine Freundinnen und Freunde sind wir. Amen.

Lied: »*Vergiss nicht zu danken dem ewigen Herrn* ...«

Segen

Entlassung

Jesus, der gute Hirte

→ **Benötigte Materialien:**
❐ Hundert Kieselsteine

L.: Ich habe hier eine Menge Kieselsteine. Ich habe sie genau gezählt. Es sind 100 Stück. Wenn ich einen wegnehme *(wird gemacht)* merken wir das gar nicht. Kommt es da auf den einen Stein an? Eigentlich nicht!
  Jesus erzählt uns eine Geschichte von 100 Schafen. Das sind auch viele. Kommt es da auf ein Schaf an? Wir meinen: Eigentlich nicht! Aber Jesus ist anderer Meinung. Er sagt: Wenn diese große Schafherde einen guten Hirten hat, dann ist ihm jedes Schaf wichtig, dann kümmert er sich um jedes einzelne.
  In Israel verachteten fromme Leute die Zöllner, Sünder, Aussätzige und viele andere. Darum erzählte Jesus ihnen diese Geschichte:

ErzählerIn: Ein Mann hat hundert Schafe. Ein Schaf verliert er. Es läuft davon und verirrt sich. Was tut der Mann, der ein guter Hirte ist? Er lässt die anderen Schafe allein und sucht das eine Schaf, bis er es findet. Voll Freude nimmt er es auf seine Schultern und bringt es zu den anderen zurück. Dann ruft er seine Freunde zusammen. Er sagt zu ihnen:»Freut euch mit mir! Mir ist ein Schaf davongelaufen. Aber ich habe es wieder gefunden.« »Genauso freut sich mein Vater im Himmel über jeden, der davongelaufen ist, aber dann wieder gefunden wird!

Jesus erzählt vom barmherzigen Samariter

Personen: 2 Räuber, 1 Verletzter, Priester, Levit, Mann aus Samarien

→ **Benötigte Materialien:**
❒ Tasche. Bibel
❒ Verbandszeug

ErzählerIn: Ein Mann ging von Jerusalem nach Jericho hinab und wurde von Räubern überfallen. Sie plünderten ihn aus und schlugen ihn nieder, dann gingen sie weg und ließen ihn halbtot liegen.

2 Räuber schlagen einen Mann zusammen. Dieser bleibt liegen.
Die Räuber nehmen die Tasche mit und rennen weg.

ErzählerIn: Halbtot liegt der Mann nun da. Da kommt ein Priester, sieht ihn und geht vorbei.

Priester kommt mit einer Bibel in der Hand – guckt – geht weiter.

ErzählerIn: Zufällig kommt auch ein Levit die Straße entlang, sieht den ausgeraubten und verletzten Mann und geht weiter.

Levit kommt – schaut sich den Verletzten an – und geht weiter.

ErzählerIn: Es sieht so aus, als müsste der kranke Mann sterben, bis schließlich ein Ausländer kommt, ein Fremder aus Samarien. Der hat Mitleid. Er pflegt ihn und setzt ihn auf seinen Esel und bringt ihn zu einer Herberge und sorgt für ihn.

Mann aus Samarien kommt, verbindet den Verletzten und pflegt ihn.

»Jesus auf der Spur«

Eröffnungslied

Begrüßung:

In der vergangenen Woche waren wir Jesus auf der Spur. Am Beginn der Kinderbibelwoche haben wir einige Dinge gefunden, die auf Jesus hingewiesen haben.

Unser Detektiv Fridolin Findheraus und seine beiden Freunde wollten dann herausfinden, was diese Dinge mit Jesus zu tun haben. Dabei haben die Kinder ihnen geholfen. Wir haben in dieser Woche ganz viel über Jesus erfahren.

Anspiel

→ **Benötigte Materialien:**
- ☐ Bilder: Jesus wird verhaftet; Jesus hält Mahl; Jesus, der gute Hirte
- ☐ Krücke, Verbandsmaterial
- ☐ Bibel und Gebetbuch

Der Detektiv Fridolin Findheraus und seine beiden Freunde betreten mit Lupe und Notizbuch die Kirche und sehen sich verwundert um:

Kind 1: Hallo, Fridolin Findheraus!

Kind 2: Bist du auch wieder da?

D: Na klar, gerade heute beim Abschlussgottesdienst dürfen wir doch nicht fehlen!

Kind 1: Klasse, wie viele Leute hier sind!

D: Finde ich auch! Total toll! Große, Kleine, Alte, Junge – und ganz viele Kinder kennen wir ja schon von unserer Kinderbibelwoche!

Kind 1: Wenn ich noch so an den ersten Tag denke: Das schien ja ein äußerst schwieriger Fall zu werden. Total kompliziert!

D: Ja, ich hatte von Anfang an das Gefühl: das wird ein ein spannender Fall!

Kind 1:   Guck mal dort *(zeigt auf das Plakat mit den Fußspuren!)* Da sind all die Fußspuren der vielen Kinder, die mitgemacht haben.

D: Ja – gut, dass er seine Spuren überall hinterlassen hat!

Kind 1:   Sonst hätten wir ihn ja auch nicht entdeckt! So sind wir der Sache ganz schön schnell auf die Spur gekommen!

D: Wir haben schnell herausbekommen, dass er immer wieder mit vielen Leuten gegessen hat. Brot, Wein und Weintrauben standen auf einem Tisch.

Kind 1:   Und hier diese Krücke und das Verbandsmaterial!

Verbandsmaterial und der Krücke liegen auf den Stufen.

D: Zuerst haben wir gedacht, er muss wohl krank gewesen sein.

Kind 1:   Oder aber er ist selber Arzt – habe ich gedacht! Er heilt Menschen, macht sie gesund!

Nimmt die Bibel und ein Gebetbuch in die Hand.

D: Und hier- eine Bibel und ein Gebetbuch. Das fanden wir zuerst sehr merkwürdig.

Kind 1:   Der Gesuchte betet?, haben wir gedacht. Alles sehr merkwürdig!

Zeigt die verschiedenen Bilder.

D: Diese Bilder hier haben uns dann letztlich dabei geholfen, ihn zu finden: Das Bild von den Männern mit den Schwertern! Unser Gesuchter schien irgendwie Ärger gehabt zu haben. Also kein frommer Mann – haben wir gedacht! So sah es jedenfalls nicht aus!

Kind 2:   Und dann diese Bilder mit den Schafen und den Hirten!

D: Da habe ich gar nichts mehr verstanden! Das war vielleicht ein schwieriger Fall!

Kind 2:   Total schwierig! Einmal scheint er ein Arzt zu sein. Dann kam er uns vor wie ein Lehrer.

D: Ja, und dann sah es aus, als wäre er ein frommer Mann.

Kind 1:	Oder doch ein völlig normaler Mann?
	Aber ... Schafe – vielleicht ein Hirte?
D:	Das Ganze war schon recht merkwürdig!

Detektiv Fridolin Findheraus wendet sich den Kindern zu.

D:	Was meint ihr, wer war unser Gesuchter? Habt ihr eine Idee? Aber nur die Kinder, die nicht bei der Kinderbibelwoche dabei waren!
Kinder:	Jesus!
D:	Stimmt! Richtig! Jesus! Jesus wie er leibt und lebt.
Kind 1:	Jesus hat mit den Menschen gegessen.
Kind 2:	Und er hat Kranke geheilt!
D:	Er hat uns das Beten gelehrt: Das Vaterunser!
Kind 2:	Und er hat uns ganz viele Geschichten und Gleichnisse erzählt!
D:	Wir haben in dieser Woche Jesus viel besser kennen und lieben gelernt! Das war richtig spannend!
Kind 2:	Und die Kinder erst, was die alles so erlebt haben:
D:	Wunderschöne Dankes-Karten haben sie gebastelt!
Kind 2:	Am zweiten Tag haben die Kinder Gebetswürfel mit ganz vielen verschiedenen Gebeten gebastelt!
Kind 1:	Und dann diese Teller, die die Kinder bemalt haben – zur Erinnerung daran, dass Jesus Mahl gehalten hat – mit den Menschen, die am Rande standen.
D:	Ja, und am Freitag haben wir dann alle zusammen die Bilderrahmen gebastelt, mit einem Bild von Jesus als dem guten Hirten! Der liebe Gott ist wie ein guter Hirte. Er kennt uns. Er mag jeden einzelnen von uns und wir sind ihm ganz wichtig!
Kind 1:	Tolle Woche!
Kind 2:	Stimmt! Ich war ja erst ein wenig skeptisch ... aber es war einfach Klasse!
D:	Na – einiges werdet ihr ja hier im Gottesdienst heute auch noch erfahren. Ich verziehe mich – kommt ihr mit?
Kind 1 + 2:	Klar! Bis dann!

Kyrie:

1. Kind:

Am ersten Tag haben wir Jesus als einen Menschen kennen gelernt, der anderen geholfen hat. Er hat Aussätzige geheilt; er hat dem blinden Bartimäus geholfen, wieder zu sehen. Mit Jesu Hilfe konnte ein Gelähmter wieder gehen. Jesus will, dass alle Menschen gesund und heil sind.

Erwachsener:

Jesus, der die Aussätzigen geheilt hat, zeigt uns, was er für die Menschen möchte: Er will, dass sie nicht leiden, dass sie nicht ausgeschlossen werden. Wir aber schließen immer wieder Menschen aus und verletzen sie. Bitten wir deshalb:

Liedruf: *»Herr, erbarme dich«*

2. Kind:

Am zweiten Tag haben wir gesehen, dass Jesus immer wieder zu seinem Vater im Himmel gebetet hat. Den Jüngern und auch uns hat er ein ganz tolles Gebet geschenkt: Das Vaterunser.

Erwachsener:

Jesus hat gebetet. Er hat allein in der Stille gebetet. Er hat im Tempel gebetet. Er hat mit seinen Freunden gebetet. Im Vaterunser hat er uns ein Gebet geschenkt, dass uns über alle Grenzen und Zeiten hinweg zu einer großen Familie verbindet. Manchmal nehmen wir uns keine Zeit zum Beten. Bitten wir deshalb:

Liedruf: *»Herr, erbarme dich«*

3. Kind:

Am dritten Tag unserer Kinderbibelwoche haben wir Jesus als einen Menschen kennengelernt, der mit anderen Menschen gegessen hat. Er hat sich immer wieder gerne mit Menschen an einen Tisch gesetzt. Es war ihm dabei egal, was die Leute vorher getan hatten. Jesus hatte sie alle lieb und hat sich mit allen an einen Tisch gesetzt.

Erwachsener:
Von Jesus können wir lernen, dass wir uns allen Menschen ohne Vorbehalte zuwenden sollen. Wie Jesus alle Menschen an seinen Tisch eingeladen hat, so sollten auch wir alle Menschen annehmen. Oft gelingt uns das aber nicht. Bitten wir deshalb:

Liedruf: »*Herr, erbarme dich*«

4. Kind:
Am letzten Tag haben wir gehört, dass Jesus gerne tolle Geschichten erzählt hat. Mit diesen Geschichten will er uns immer etwas über Gott und uns Menschen sagen. Wenn wir bei seinen Geschichten gut zuhören, lernen wir Gott besser kennen.

Erwachsener:
In vielen Geschichten hat Jesus uns von seinem und unserem Vater erzählt. Er hat uns Gott als guten Hirten oder als barmherzigen Vater vorgestellt. Manchmal hören wir diese Geschichten und verschließen unsere Ohren. Bitten wir deshalb:

Liedruf: »*Herr, erbarme dich*«

Gloria

Tagesgebet:
Guter Gott,
wir haben gemeinsam viel von Jesus gehört: er hat geheilt und Mahl gehalten; er hat gebetet und uns Geschichten und Gleichnisse erzählt. So haben wir in dieser Woche Jesus wieder etwas besser kennengelernt. Lieber Gott, hilf uns, dass wir Jesus immer besser verstehn. Darum bitten wir dich durch Jesus, unseren Freund und Bruder. Amen.

Zwischengesang

Evangelium

Ansprache/Katechese

Lied/Credo

Fürbitten:

Pr.: Guter Gott, du bist wie ein guter Hirte. Du willst allen Menschen nahe sein, die dich brauchen. Deshalb bitten wir dich voll Vertrauen:

1. Krücke und Verbandsmaterial

Guter Jesus, ich bringe diese Krücke und das Verbandsmaterial zum Altar.
Du hast vielen Menschen Heilung geschenkt und sie gesund gemacht.
Wir bitten dich: Hilf auch uns, dass auch wir Menschen helfen, die uns brauchen!
Alle: Herr, erhöre unsere Bitten!

2. Gebetbuch und Bibel

Guter Jesus, ich bringe ein Gebetbuch und die Bibel zum Altar.
Du hast deine Jünger gelehrt, wie sie beten sollen. Du hast auch uns das Gebet gezeigt, das dein Vater dich zu beten gelehrt hat: das Vaterunser.
Wir bitten dich: Für uns alle, dass wir uns immer bemühen, mit Gott zu sprechen, und so mit ihm verbunden bleiben!
Alle: Herr, erhöre unsere Bitten!

3. Gebastelte Dankes-Karte

Guter Jesus, ich bringe diese schöne Dankes-Karte zum Altar.
Du hast die zehn Aussätzigen geheilt und nur einer kam zurück und hat sich bedankt.
Wir bitten dich: Lass uns nicht vergessen, Danke zu sagen für all das Schöne, das du uns schenkst!
Alle: Herr, erhöre unsere Bitten!

4. Fußspur

Guter Jesus, ich bringe eine Fußspur zum Altar.
Viele Menschen sind dir gefolgt und haben deine Liebe und Nähe erfahren.

Wir bitten dich: Lass alle Menschen deine Nähe spüren und begleite uns auf unseren Lebens- und Glaubensweg!
Alle: Herr, erhöre unsere Bitten!

5. Schale mit Brot

Guter Jesus, ich bringe diese Schale mit Brot zum Altar.
Du hast immer wieder mit vielen Menschen gegessen und warst Gast in ihren Häusern.
Wir bitten dich: Lass alle Menschen, so verschieden sie auch sind, durch die Teilhabe an diesem einen Brot mit dir und untereinander verbunden bleiben.
Alle: Herr, erhöre unsere Bitten!

6. Kelch mit Wein

Guter Jesus, ich bringe diesen Kelch mit Wein zum Altar.
Du hast mit den Menschen gefeiert und dich mit ihnen gefreut.
Wir bitten dich: Schenke uns und allen Menschen viel Freude!
Alle: Herr, erhöre unsere Bitten!

Pr.: Lass uns immer wieder deine Spuren entdecken und deine heilende Geborgenheit erfahren. Darum bitten wir durch Jesus Christus, der von den Toten auferstanden ist und jetzt in unserer Mitte lebt. Amen.

Gabenbereitung

Sanctus

Vater unser

Pr.: An unserem zweiten Kinderbibeltag haben wir erfahren, wie Jesus seine Jünger beten gelehrt hat. Wir haben uns ganz intensiv mit dem Gebet beschäftigt, das Jesus uns gelehrt hat: dem Vaterunser. Wir wollen jetzt gemeinsam das Vaterunser sprechen und einander dabei die Hände als Zeichen der Verbundenheit reichen.

Friedensgruß

Agnus Dei

Kommunion

Nach der Kommunion

Detektiv Fridolin Findheraus und die beiden Kinder kommen noch einmal nach vorne!

D: Dieser Jesus – das ist schon ein toller Mensch!

Kind 2:   Ja – Er liebt uns! Er kennt uns! Er kennt unsere Sorgen, unsere Wünsche und unsere Freuden!

D: Er weiß, was wir zum Leben brauchen!

Kind 1:   Er ruft uns bei unserem Namen! Er mag jeden einzelnen von uns!

Kind 2:   Er ist wie ein guter Hirte!

D: Er lädt uns immer wieder ein zu seinem Mahl!

Kind 2:   Er hat geteilt! In Brot und Wein ist er uns immer wieder ganz nahe!

Kind 1:   Ja – die Emmausjünger haben Jesus am Brotbrechen erkannt. Sie sind Jesus begegnet und haben sich dann auf den Weg gemacht!

D: Es gibt so viele Spuren in dieser Welt, die auf Jesus verweisen!

Kind 1:   Stimmt! Er ist mitten unter uns!

D: Wenn wir miteinander beten, dann spüren wir: Der auferstandene Jesus ist mitten unter uns!

Kind 1:   Wenn wir zusammenhalten, dann spüren wir: Der auferstandene Jesus ist mitten unter uns!

D: Wenn Menschen sich freuen und diese Freude weitergeben, dann spüren wir: Der auferstandene Jesus ist mitten unter uns!

Kind 1:   Wenn Menschen miteinander teilen, Brot teilen, Leben teilen, dann spüren wir: Der auferstandene Jesus ist mitten unter uns!

D: Wenn Menschen in Frieden miteinander leben, dann spüren wir: Der auferstandene Jesus ist mitten unter uns!

Schlussgebet:

Lieber und guter Gott,

am Ende unserer Kinderbibelwoche danken wir dir, dass wir auf so vielfältige Art und Weise etwas von deinem Sohn Jesus kennen gelernt haben. Wir haben gesehen, dass er mit den Menschen isst, betet und ihnen Geschichten von dir erzählt. Jesus heilt die Menschen und nimmt sich besonders den Menschen an, die am Rande unserer Gesellschaft stehen und denen es nicht so gut geht.

Wir bitten dich, lass uns seine Spuren erkennen, lass uns seinen Spuren folgen, lass uns auf seinen Spuren weitergehen.

Du bleibst bei uns alle Tage und lässt dich erkennen in vielen Spuren deiner Gegenwart. Dafür danken wir dir durch Jesus Christus, unseren Freund und Bruder. Amen.

Segen

Schlusslied

Einleitung

In diesen Kinderbibeltagen machen wir uns gemeinsam mit Jesus auf den Weg nach Jerusalem. Seine letzte Lebens- und Leidenswoche stellt den Schwerpunkt dieser Kinderbibeltage dar. Wir sehen Jesus als einen Freund der Kinder, erleben seinen glanzvollen und umjubelten Einzug in Jerusalem und setzen uns mit seiner Kreuzigung auseinander. Doch der Tod stellt nicht den Abschluss des Weges Jesu dar. Sein Weg geht weiter, Gott lässt Jesus Christus nicht im Tod: Er schenkt ihm neues Leben.

Der 1.Tag unserer Kinderbibeltage ist geprägt von der Erzählung »Jesus segnet die Kinder«. Durch Jesus wissen und erfahren wir, dass Gott alle Kinder auf dieser Welt liebt und sie segnet. Er stellt sie unter seinen Schutz und begleitet sie auf ihren Wegen.

Im Mittelpunkt des 2. Tages steht die Erinnerung an den Einzug Jesu in Jerusalem am Palmsonntag. Mit dem Palmsonntag beginnt die Heilige Woche oder Karwoche. Als Jesus in Jerusalem einzog, wurde er von vielen Menschen freudig und jubelnd mit Palmzweigen empfangen und begrüßt. Dieser Einzug wird für uns lebendig und gegenwärtig, indem wir in einer feierlichen Prozession singend in die Kirche einziehen. Wir jubeln heute nicht mit Palmzweigen, bei uns wird meistens Buchsbaum verwendet oder bunt geschmückte Palmstöcke, die vor der Kirche gesegnet werden.

Am letzten dieser Kinderbibeltage denken wir an das Leiden und Sterben Jesu. Wir versuchen das Wesen dieses Tages so darzustellen, dass es für die Kinder nachvollziebar ist. Der Karfreitag verbindet das Leiden Jesu mit dem Leiden von unzähligen Menschen heute.

Meditativer Glaubensimpuls für alle MitarbeiterInnen

→ **Vorzubereiten:**
- ❐ verschiedene Kreuze (Höhe ca. 1 m): Angst, Einsamkeit, Vorurteil, Krieg, Leiden, Tod
- ❐ kleine Kreuze aus Papier
- ❐ Stifte
- ❐ gelbe Sonne mit vielen Strahlen
- ❐ Blume für jeden Teilnehmer und jede Teilnehmerin

Es wird ein Stuhlkreis gebildet.
Die Mitte ist gestaltet mit einer Decke und einer brennenden Kerze und den oben genannten Kreuzen.

Begrüßung

Gebet:
Jesus,
du unser aller Bruder und Freund.
Du hast gesagt:
Wo zwei oder drei in meinem Namen versammelt sind, da bin ich mitten unter ihnen.
Das glauben wir, darauf vertrauen wir.
Dein Weg zum Kreuz war ein schwerer und grausamer Weg.
Im Vertrauen auf die Zusage deines Vaters bist du diesen Weg gegangen.
Du hast das Leid der Menschen mit deinem eigenen Leid verbunden.
Du trägst alle diejenigen, die sich dir anvertrauen und sich tragen lassen.

Einführung:
L.: Wir sind heute hier zusammengekommen, um Jesus auf seinem Kreuzweg zu begleiten. Wir werden während der Kinderbibeltage versuchen, gemeinsam mit den Kindern über das Leiden und Sterben Jesu nachzudenken. Jesus nimmt sprichwörtlich für uns das Kreuz auf sich. Wir haben die wichtigsten Stationen seines Leidensweges herausgegriffen,

um den schwierigen, harten und steinigen Weg Jesu den Kindern begreiflich zu machen. Die Kinder erleben, dass sie auf Hilfe und Unterstützung angewiesen sind, um mit der »Last« eines Kreuzes fertig zu werden. So können sie ein wenig nachempfinden, wie schwer es für Jesus gewesen sein muss, das Kreuz zu tragen.

Glaubensimpuls

Gesprächsphase

Abschlussrunde
L.: Ich möchte Ihnen zum Abschluss eine Blume überreichen. Wir haben heute viel über unser Kreuz nachgedacht, über unsere Sorgen, Ängste und Dunkelheiten gesprochen. Manchmal ist eine nette Aufmerksamkeit, ein Lächeln, eine Geste der Dankbarkeit ein kleines »Auferstehungserlebnis«: wir freuen uns, es wird ein wenig heller. Jesus ist für uns gestorben, er wurde begraben und ist auferstanden am dritten Tag. Er hat das Dunkel des Todes überwunden und durch seine Auferstehung Licht und Freude in unser Leben gebracht.

Schlussgebet
Guter Jesus,
Tag für Tag verspüren wir Ängste, Sorgen und Nöte.
Dunkel ist die Nacht.
Tag für Tag ersehnen wir den Frieden: im Kleinen und im Großen.
Dunkel ist die Nacht.
Tag für Tag brauchen wir Liebe und Zuwendung.
Dunkel ist die Nacht.
Tag für Tag erleben wir Erfolg und Misserfolg.
Dunkel ist die Nacht.
Tag für Tag begraben wir Hoffnungen und Wünsche.
Dunkel ist die Nacht.
Und doch:
Tag für Tag erleben wir
Auferstehung:
ein wunderschöner Regenbogen

das erste Grün nach einem eisigen Winter
ein helfendes Gespräch
ein aufmunterndes Lächeln
eine zärtliche Umarmung
Und durch das Dunkel der Nacht bricht ein kleiner Sonnenstrahl.
Und ich glaube an die Auferstehung. Amen.

Lied: »*Manchmal feiern wir mitten im Tag ein Fest der Auferstehung*«

1. Tag: Jesus, ein Freund der Kinder

Einführung:
Jesus ist ein Freund der Kinder, er liebt alle Kinder. Die biblische Erzählung von der Kindersegnung ist für die Kinder unmittelbar verständlich. Dass Jesus Kinder segnet, ist nicht ungewöhnlich. Ungewöhnlich ist vielmehr die Entschiedenheit, mit der er die Kinder als Beispiel für die Erwachsenen hinstellt. Damit werden die gewohnten Lern-Verhältnisse auf den Kopf gestellt. Jesus nimmt die Kinder ernst, er sagt nicht:»auch die Kinder«, sondern »gerade die Kinder!« In der biblischen Erzählung von der Kindersegnung würdigt Jesus die Kinder in ungewöhnlicher Weise, und zwar deutlich gegen alle gewohnten Ansprüche der Erwachsenen. Er segnet die Kinder und macht durch diesen Segen die uneingeschränkte Liebe Gottes zu den Menschen deutlich.

Wo Gott segnet, da kann etwas gut werden, da kann etwas wachsen. Ein gesegneter Mensch ist einer, der anderen hilft zu leben. Ich will dich segnen, sagt Gott zu Abraham, und du sollst ein Segen sein. Das heißt: Du wirst ein gelingendes Leben haben und Liebe und Geborgenheit, Hoffnung und Glauben, Erkenntnis und Einsicht, Vertrauen und Zuversicht an Menschen weitergeben, die dir auf deinem Lebens- und Glaubensweg begegnen.

Wenn wir ein Kind nach seiner Taufe segnen, bitten wir um ein gelingendes, ein erfülltes und gutes Leben. Einen Segen aussprechen heißt, das neue Leben der bergenden Hand Gottes anzuvertrauen.

Wenn wir ein Brautpaar segnen, dann bitten wir einmal um ein gutes gemeinsames Leben. Aber ebenso bitten wir, dass das Paar Gottes unendliche Liebe in seinem Leben spürt und weitergibt.

Ein gutes Wort ist Segen. Auch ein Geschenk kann Segen sein. Die Kinder hören Segensworte in unterschiedlichen Zusammenhängen:

zum Abschluss des Gottesdienstes (»Der Herr segne dich und behüte dich ...«)

bei Gratulationen zum Geburtstag (»Viele Glück und viel Segen ...«)

bei Wünschen zu bestimmten Festen (z. B. »Gesegnete Weihnachten!«)

und beim Erzählen biblischer Geschichten (z. B. Gott segnet Abraham; Jesus segnet die Kinder)

Einige Kinder kennen Segensworte von der Sternsingeraktion: Sternsinger ziehen von Haus zu Haus und bringen den Segen in viele Häuser zu vielen Menschen. Das Geld, das gesammelt wird, ist für Kinder gedacht, die Hunger und Armut erleben, für Straßenkinder, für notleidende Kinder. So werden die Sternsinger zum Segen für die Kinder, denen durch die Spenden geholfen wird, denen auf diesem Weg ein wenig Licht geschenkt wurde.

Die nachfolgende biblische Erzählung steht im Mittelpunkt des 1. Kinderbibeltages:

Jesus und die Kinder (Mk 10,13-16; 35-44)

Die älteren Kinder, die schon von Jesus gehört und die Erzählungen verstanden hatten, wollten ihn gern selbst einmal sehen. Und ihre Eltern wünschten sich, Jesus möge ihre Kinder segnen. Doch meistens war es schwierig, mit den Kindern durch die Menschenmassen zu Jesus vorzustoßen.

Eines Tages, als Jesus sich gerade ein wenig abseits der Menge ausruhte, drängte sich eine Schar Eltern mit ihren Kindern zu ihm. Das war die Gelegenheit! Endlich konnten sie ihm einmal ganz nahe sein. Schon rannten die Kinder voraus, Jesus entgegen. Doch seine Jünger traten der Gruppe in den Weg.

»Warum wollt ihr Jesus belästigen mit all den lauten Kindern?« fragten sie barsch.

»Er kann jetzt nicht mit euch sprechen!«

Die Enttäuschung war so groß, dass die Eltern stumm stehen blieben. Sollte all ihre Mühe umsonst gewesen sein? Sollten sie jetzt kurz vorm Ziel wieder gehen? Aber Jesus hatte seine Jünger gehört. Und ärgerlich sagte er ihnen: »Was macht ihr denn da? Lasst die Kinder zu mir kommen, haltet sie nicht auf. Denn ihnen gehört das Himmelreich!«

Weit breitete er seine Arme aus, und die Kinder liefen zu ihm. Da sagte Jesus zu den Menschen: »Wenn ihr nicht werdet wie die Kinder, wenn ihr nicht so unbefangen glaubt wie sie, werdet ihr nicht in den Himmel kommen!«

Da freuten sich die Eltern! Jesus umarmte die Kinder und segnete sie. Glücklich verließen die Eltern mit ihren Kindern bald darauf den Herrn.

Jesus aber setzte zusammen mit seinen Jüngern den Weg nach Jerusalem fort. Er wollte zum Passahfest dort ankommen. Doch die Jünger, die ihn begleiteten, machten sich Sorgen. Jesus war ein Stück vor ihnen gegangen. Als er sich umdrehte und ihre sorgenvollen Gesichter sah, rief er sie zur Seite. Er wußte genau, was sie befürchteten. Die Hohenpriester und die Pharisäer waren verärgert über Jesu Predigten und seine Wunder. Überall verkündeten sie, Jesus sei nicht Gottes Sohn, der Messias, sondern ein ganz normaler Mensch. Sie befürchteten, die Juden wollten ihn zum König machen. Das aber hätte Schwierigkeiten mit den Römern gegeben. Auch für sich selbst befürchteten die Priester Nachteile. Deshalb warteten sie auf eine Gelegenheit, Jesus zu töten. Und deshalb fürchteten die Jünger, Jesus könnte in Jerusalem in eine Falle geraten.

Jesus aber versuchte, die Jünger auf das kommende Geschehen vorzubereiten:»Wir werden nach Jerusalem gehen. Dort wird der Menschensohn den Hohenpriestern und Gesetzeslehrern übergeben. Die werden ihn zum Tode verurteilen und den römischen Soldaten übergeben. Die werden ihn verhöhnen, quälen und schließlich ans Kreuz schlagen. Dies muss geschehen, so wie die Propheten vorhergesagt haben. Doch seid nicht traurig. Drei Tage nach seinem Tode wird der Menschensohn wieder auferstehen zum Leben!«

Die Jünger hörten das zwar alles, begriffen aber kein Wort. Sie wussten nur, dass sie Jesus liebten und fest entschlossen waren, ihm zu folgen.

Verlauf:

IM PLENUM

Begrüßung

Lied

Gebet:
Guter Gott,
wir beten jetzt und bitten dich um deinen Segen,
um deine Kraft und um deine Begleitung.
Damit wir spüren, dass es gut ist, da zu sein.

Damit wir verstehen,
dass es in den biblischen Geschichten, Anspielen und Liedern
um uns und um dich geht.
Damit wir ahnen, dass du, Gott, uns immer nahe bist.
Wir freuen uns auf diese Kinderbibeltage.
Wir sind gespannt, was wir in diesen Tagen alles erleben werden.
Schenke uns deinen frohmachenden Geist für diese Kinderbibeltage.
Amen.

Lied

Anspiel: Jesus und die Kinder

Personen: ErzählerIn
3 Jünger   4 Kinder
3 Mütter   Jesus

Jesus sitzt mit einer Gruppe von Menschen zusammen.

ErzählerIn:
Jesus zieht mit seinen Jüngern von einer Stadt zur anderen. Sie sind schon
lange unterwegs. Da sehen sie einen Wald in der Nähe eines Dorfes. Die
Jünger schlagen Jesus vor, dort eine Pause zu machen. Jesus ist einverstanden. So lagern sie am Waldrand Es dauert nicht lange, da kommen andere dazu: Leute, die an Jesus glauben und ihn hören wollen, Kranke, die
auf Heilung hoffen, aber auch Pharisäer, die darauf aus sind, Jesus eine
Falle zu stellen. Jesus spricht mit ihnen und antwortet auf ihre Fragen. Alle
sind gespannt und aufmerksam dabei.

Eine Gruppe spielender Kinder beobachtet Jesus.

1. Kind: Was ist denn da hinten los?
2. Kind: Weiß ich auch nicht so genau? Weißt du das?
3. Kind: Ja, kennt ihr denn nicht Jesus – Jesus aus Nazareth!?
2. Kind: Jesus ist hier .... Jesus? Unsere Eltern haben uns doch von Jesus
            ganz tolle Sachen erzählt. Die sind ganz begeistert von ihm!
1. Kind: Ja, meine Mutter ist auch ganz hin und weg wenn sie von
            Jesus spricht!
2. Kind: Kommt, lasst uns zu ihm gehen!

3. Kind:	Oh ja – ich komme auch mit!
1. Kind:	Ich will eben ganz schnell nach Hause laufen und meine Mutter holen. Die wünscht sich schon so lange, Jesus ganz nahe zu sein! Wartet hier!
2. Kind:	Beeil dich! Guck mal, da kommen schon ganz viele Mütter mit ihren kleinen Kindern!
4. Kind:	Ich will ihn auch sehen! Mein Vater hat schon einmal zugehört, als Jesus sprach. Er sagt, wenn Jesus über Gott spricht, klingt das ganz anders als bei den Gesetzeslehrern in unserer Synagoge. Er klingt fast so, als ob Gott selbst zu den Menschen spricht.
2. Kind:	Kommt alle mit! Kommt schnell!

Mütter und Kinder kommen.

ErzählerIn:

Durch die Unruhe der Kinder sind auch die Eltern aufmerksam geworden. Einige haben schon von Jesus gehört. Sie nehmen die Kleinsten auf den Arm; die Kinder stürmen voran. Sie sind aufgeregt, und jeder möchte der Erste sein. Sie rufen laut durcheinander.

Die Jünger kommen ihnen entgegen.

1. Jünger: Was wollt ihr hier? Was machen die Kinder für ein Geschrei?

2. Jünger: Seid still! Wir können sonst nicht verstehen, was Jesus sagt!

1. Jünger: Ihr versteht doch sowieso nicht, worum es hier geht! Lauft wieder nach Hause!

3. Jünger: Geht weg! Jesus hat viel zu tun!

1. Jünger: Warum wollt ihr Jesus belästigen? Er kann jetzt nicht mit euch sprechen!

2. Jünger: Ja, verschwindet! Jesus ist ganz müde! Das fehlte gerade noch, dass ihn jetzt auch noch die Kinder belästigen!

1. Mutter: Aber wir haben schon so lange auf ihn gewartet!

2. Mutter: Ja – und jetzt sind wir hier! Lasst uns doch!

3. Mutter: Jesus kommt vielleicht nie wieder hier vorbei!

1. Mutter: Unsere Kinder müssen Jesus auch kennen lernen! Sie sollen ihn sehen! Es ist ganz wichtig!

2. Mutter: Wir haben schon so viel von Jesus gehört. Wo er ist, sind die
Menschen froh und zufrieden! Das sollen auch unsere Kinder
erfahren. Wir wollen, dass er unseren
Kindern die Hand auflegt und für sie betet!
2. Jünger: Er hat jetzt keine Zeit! Geht weg!
1. Jünger: Jesus braucht seine Ruhe!

ErzählerIn:
Traurig und enttäuscht wollen sie zurückgehen. Das hätten sie sich gleich
denken können, dass Jesus sich nicht von kleinen Kindern stören lässt.
Die Kinder können gar nicht verstehen, warum sie nicht zu Jesus dürfen.
Sie hatten sich so darauf gefreut.

Jesus aber blickte auf und erkannte, was da vorging.

Jesus: Was macht ihr denn da? Wie konntet ihr die Kinder nur fort-
schicken?
1. Jünger: Aber du bist doch so müde! Du kannst dich ja kaum noch auf
den Beinen halten!
2. Jünger: Jeden Tag – von morgens bis abends – immer sind ganz viele
Menschen da!
1. Jünger: Du brauchst Zeit zum Schlafen, zum Ausruhen!
2. Jünger: Und die Kinder sind doch viel zu klein. Sie verstehen doch
gar nicht, was du sagst!
Jesus: Ihr dürft nie wieder die Kinder wegschicken! Die Kinder sollen alle zu mir kommen! Haltet sie nicht auf. Denn ihnen gehört das Himmelreich! Guckt doch, wie sie sich freuen.

Die Mütter und Kinder kommen zu Jesus. Jesus breitet die Arme aus.

3. Jünger: Aber ...
Jesus: Für Kinder habe ich immer Zeit! Kommt her zu mir! Ja –
kommt nur!
2. Jünger: Ja, aber ... wir wollten doch nur ...
Jesus: Mein Reich besteht aus Menschen, die so werden wie die Kinder ... vertrauensvoll, liebend, erwartungsvoll und voller
Freude. Lasst die Kinder stets zu mir kommen! Ich will sie
segnen!

Jesus umarmt die Kinder und redet mit ihnen.

Jesus: Gott hat euch lieb. Er wird euch immer beschützen!

Er wendet sich den Eltern und den Jüngern zu:

Wenn ihr nicht werdet wie Kinder, wenn ihr nicht so unbefangen glaubt wie sie, werdet ihr nicht in den Himmel kommen! Nehmt euch ein Beispiel an diesen Kindern. Sie sind
glücklich, dass sie in meiner Nähe sind!

ErzählerIn:
Die Jünger schauten einander verwundert an. Sie sind immer wieder von
neuem über Jesus erstaunt. Dass ihm nun auch noch Kinder ganz wichtig sind, können sie kaum fassen. An wirklich wichtigen Leuten, wie zum
Beispiel an den sehr einflussreichen Pharisäer, schien er überhaupt nicht
interessiert zu sein! Die Eltern aber freuten sich! Jesus umarmte die Kinder
und segnete sie. Die Kinder verstanden vielleicht noch nicht alles, aber sie
spürten, wie lieb Jesus sie hatte, dass er es gut mit ihnen meinte.

GRUPPENARBEIT, ca. 45 Min.

Ablauf in den Gruppen:

Ziel:
Die Kinder sollen erfahren, dass Gott sie unendlich lieb hat. Sein Sohn Jesus
ist als kleines Kind in unsere Welt gekommen. Die Kinder sollen spüren, dass
sie ganz wichtig und wertvoll sind, auch wenn sie noch so klein sind.

→ **Benötigte Materialien:**
- ❏ Wollknäuel
- ❏ Wäscheklammern; evtl. Klarlack
- ❏ Bastelanleitung für Weihwasserbecken **(M 11)**
- ❏ Segensspiel: Papierbogen und Tesafilm

Gruppenarbeit

M 11

Weihwasserbecken aus selbst trocknender Modelliermasse

→ **Benötigte Materialien:**

☐ Selbsttrocknende Modelliermasse
☐ Plastikfolie oder Zeitungspapier zum Abdecken der Arbeitsfläche
☐ Joghurtbecher für Wasser
☐ Messer
☐ Wasserfarbe
☐ Klarlack

→ Selbsttrocknende Modelliermasse ist in Bastelgeschäften erhältlich!

1. Die Arbeitsfläche mit Plastikfolie oder Zeitungspapier abdecken!
2. Jedes Kind sollte ein Holzbrettchen haben.
3. Bevor die Kinder das Weihwasserbecken aus der selbst trocknenden Modelliermasse formen, ist es notwendig, Luft (wie bei einem Tonklumpen) aus der Masse zu schlagen!
4. Die Modelliermasse kann mit einer Küchenrolle oder einer Flasche ausgerollt werden. Mit einem Messer oder Modellierstab können etwaige Teile ausgeschnitten werden. Dann wird das Weihwasserbecken geformt.
5. Wenn die Kinder mögen, kann das Weihwasserbecken mit einem Kreuz, einem Wasserzeichen, einem Christuszeichen o.ä. verziert werden.
6. Mit etwas Wasser können die Vordeerseiten glatt gestrichen werden!
7. Das Weihwasserbecken zum Trocknen auf das Holzbrettchen legen! (ca. 24 Stunden)
8. Das Weihwasserbecken kann mit Wasserfarbe angemalt werden!
9. Damit das Weihwasser nicht in die Masse zieht, wird das Becken abschließend mit Klarlack angestrichen!

1. Wollknäuelspiel:

Der oder die Spielleiterin nennt ihren Namen und wirft einem Kind ein Wollknäuel zu. Dabei wird der Faden festgehalten. Der oder die Angesprochene hält das Wollknäuel fest und darf nun Fragen stellen, z.B. nach Hobby, Alter, Eltern, Lieblingsfach, Musik etc. Dann wird das Wollknäuel weiter geworfen, so dass zum Schluss alle miteinander verbunden sind.

2. Erstellen von Namensklammern

L.: Jesus kennt uns alle. Er hat uns lieb. Er kennt all unsere Namen und wir sind ihm wichtig. Wir gestalten nun unsere Namensklammern. Ihr schreibt euren Namen auf diese Klammer und könnt sie mit kleinen Blumen oder anderen Motiven schmücken.

GESPRÄCHSPHASE:

Möglicher Gesprächseinstieg:

L.: Gott hat uns lieb; euch hat er ganz besonders lieb: die ganz kleinen und auch die größeren Kinder. Er will euer Freund sein. Das haben wir gerade im Anspiel gehört. Die ganz kleinen Kinder wurden noch von ihren Müttern auf dem Arm getragen. Die größeren Kinder sind alleine gelaufen, sind Jesus entgegengelaufen. Aber was geschah dann?

Ja – die Jünger wollten sie wieder wegschicken. Sie haben gemeint, Kinder verstehen das, was Jesus sagt, nicht. Das habt ihr sicherlich auch schon einmal erlebt.

Stellt euch einmal vor, ihr wollt Menschen besuchen, die euch gerne haben. Ihr klingelt ganz erwartungsvoll und dann wird die Tür geöffnet und euch wird gesagt:»Geh weg, wir haben jetzt keine Zeit! Du störst!« Die Tür wird wieder zugemacht. Wie fühlt man sich dann? ... abgelehnt, traurig, enttäuscht, man könnte weinen. So ähnlich haben sich sicherlich die Kinder und auch die Mütter gefühlt, als sie von den Jüngern weggeschickt wurden. Aber Jesus hat sie zurückgeholt und gesagt:»Lasset die Kinder zu mir kommen. Wenn ihr nicht werdet wie Kinder, wenn ihr nicht so unbefangen glaubt wie sie, werdet ihr nicht in den Himmel kommen!

Nehmt euch ein Beispiel an diesen Kindern. Sie sind glücklich, dass sie in meiner Nähe sind.«

Meistens lernen wir von den Großen, von Erwachsenen. Aber nun sagt Jesus zu den Großen: Ihr sollt von den Kleinen lernen. Ob uns Großen wohl etwas einfällt, was wir von den Kleinen, was wir von euch lernen können? Was meint ihr? Das ist gar nicht so einfach. Wir überlegen einmal gemeinsam:

Manchmal wünsche ich mir, dass ich mich so freue wie ein Kind.

Ich möchte so unbeschwert sein können.

Ich möchte so hemmungslos und neugierig fragen können.

Ich möchte ohne Vorbehalte und Vorurteile auf andere Menschen zugehen können, Vertrauen haben.

Kinder, kleinere aber auch größere, können liebebedürftig, lebhaft sein, sie sind voll Vertrauen, neugierig, erfinderisch, voller Tatendrang. Sie sind angewiesen auf Fürsorge, sie sind schutzbedürftig und sie schmusen und kuscheln gern.

Manchmal können Kinder aber stören; manchmal nerven sie. Ich habe immer wieder Kinder kennen gelernt, die Ängste haben, die sich Sorgen machen, die sich klein und hilflos fühlen. Kinder wollen ernst genommen werden.

Es gibt Kinder, die es schwer haben; die wenig geliebt werden; die Zärtlichkeit nicht kennen; die selten gelobt werden; die oft beschimpft werden; für die keiner Zeit hat; die sich sehr allein und einsam fühlen; die niemanden haben, der sie versteht; die auf der Straße leben, weil sie keine Eltern und kein Zuhause haben; die sich nie satt essen können; die arbeiten müssen, um mit für die Familie zu sorgen.

Kinder brauchen Menschen, die sie spüren lassen: Es ist gut, dass du da bist. Du bist in Ordnung, und es ist auch in Ordnung, dass du Fehler machst, denn du musst ja noch vieles lernen.

L.: Jesus hat die Kinder gesegnet. Kennt ihr bestimmte Segensworte oder Anlässe, wo ein Segen gesprochen wird?

Zum Beispiel zum Abschluss des Gottesdienstes (»Der Herr segne dich und behüte dich ...«); oder bei Gratulationen zum Geburtstag (»Viele Glück und viel Segen ...«); bei Wünschen zu bestimmten Festen (z. B. »Gesegnete Weihnachten!«). Manchmal segnen Eltern ihre Kinder, wenn sie aus dem Haus gehen oder verreisen. Sie möchten, dass ihre Kinder von Gott beschützt und begleitet werden.

Sicherlich kennt ihr auch die Erzählung aus der Bibel, wo Gott den Abraham segnet oder der alte Jakob seinen Sohn.

Segnen heißt schützen. Jesus segnet die Kinder, weil Kinder viel Schutz und Hilfe, Zuwendung und Verständnis brauchen.

Segnen heißt Menschen Wärme geben. Es ist wie ein Segen, wenn wir Nähe und Geborgenheit erfahren, wenn wir geliebt und angenommen werden.

Segnen, das ist dann, wenn ich meine Hand über einen Menschen halte und ihn schütze, ihn verteidige, ihm beistehe.

Segnen, das ist ist dann, wenn ich dem anderen zeige: ich achte dich, ich mag dich! Ich habe keine Vorurteile gegen dich.

Segnen, das ist dann, wenn ich mit meinen Händen zugreife, damit denen, die mich brauchen, geholfen wird.

Hände, die segnen, sind das genaue Gegenstück zu Händen, die dabei sind, Böses zu tun andere fertig zu machen, andere wegzustoßen und liegen zu lassen – und so Unfrieden und Krieg zu verursachen.

Hände, die segnen, greifen ein, sie schützen, sie handeln, damit alle Kinder heute leben können.

Wenn wir Christen Kinder segnen, zeichnen wir ein Kreuz auf ihre Stirn. Damit wird deutlich: Sie gehören zu Gott, der uns erschaffen hat, und zu Jesus Christus, der uns durch seine unendliche Liebe erlöst hat. Jesus nahm die Kinder an und schützte sie. Er gab ihnen Geborgenheit und Wärme. Jesus selbst war und ist ein Segen für die Kinder, für uns alle.

Jesus hat die Kinder gesegnet. Er möchte unser Freund sein. Wie ist ein guter Freund oder eine gute Freundin? *(gemeinsam überlegen)*

Ein guter Freund mag uns, so wie wir sind, hilft uns, wenn wir etwas nicht schaffen; hält zu uns, macht uns Mut, hat Zeit, tröstet uns, steht zu uns ...

Jesus ist unser aller Freund!

Basteln von Namensklammern

Gespräch mit den Kindern:
Jesus und die Kinder
Erklärung v. Segen und segnen

FRÜHSTÜCK UND PAUSE, ca. 30 Min.

GRUPPENARBEIT , ca. 60 Min.

Kreativphase:

KREATIVPHASE:

L.: Wir haben nun gehört, was Segen bedeutet, was segnen ist.
Segnen heißt: einem Menschen Gutes zusprechen; ihm Gottes Beistand und Schutz wünschen.
Als Jesus die Kinder segnete, legte er ihnen die Hand auf den Kopf. So können auch wir segnen.
Manche Menschen zeichnen dem anderen ein Kreuz auf die Stirn.
Der Priester macht mit der Hand ein Kreuz über die Gemeinde oder er hält beide Hände segnend über sie.
Wir wollen nun ein Weihwasserbecken formen, damit wir immer an Gottes Segen denken.

Vgl. Bastelanleitung M1

Weihwasserbecken aus selbstt rocknender Modelliermasse formen!

Abschluss: Segensspiel

L.: Oft meckern wir an anderen herum. Es fällt uns immer wieder schwer, etwas Gutes zu sagen. Heute wollen wir in einem Spiel den anderen einmal sagen, was uns gut an ihnen gefällt. Das kann für uns wie ein Segen sein.

Klebt euch hierzu gegenseitig einen Papierbogen auf den Rücken und nehmt einen Filzstift in die Hand! Nun geht ruhig durch den Raum! *(Evtl. leise Musik)*

Wenn ihr jemandem begegnet, schreibt ihr auf sein Blatt, was ihr an ihm mögt: Zum Beispiel: blaue Augen, Freundlichkeit, Hilfsbereitschaft, guter Fußballspieler, lacht viel, usw.

Vielleicht könnt ihr auch gute Wünsche aufschreiben ...

Nach einer Weile nimmt jeder seinen Papierbogen vom Rücken und liest die Stichwörter vor und darf auch sagen, wie er das findet.

Der/die GruppenleiterIn sollte darauf achten, dass auf jedem Blatt etwas steht!

IM PLENUM, ca. 15 Min.

Gebet:

Guter Gott!

Danke für diesen schönen 1. Kinderbibeltag.

Wir haben heute gehört, wie gern du alle Kinder hast.

Wir wissen, dass du uns ganz lieb hast.

Wir danken dir dafür, dass du immer bei uns bist.

Wir danken dir für deine Nähe, die uns froh und gut sein lässt.

Lass uns einander lieben und miteinander glücklich werden.

Darum bitten wir dich durch Jesus, der ein Freund aller Kinder ist.

Amen.

Segen:

Segne, guter Gott, diese Kinder. Behüte sie auf allen ihren Wegen und sei ihnen immer nahe. Schenke ihnen deinen Frieden. Halte deine schützende Hand über sie. Sei ihnen nahe in Not und Gefahr. Sei ihnen nahe an jedem Tag, damit ihr Leben von Sonnenstrahlen und Wärme umgeben ist. So segne euch alle der gute Gott, der barmherzige Vater, der Sohn und der Heilige Geist. Amen.

Lied: »*Gott, dein guter Segen ...*«

2. Tag: Jesu Einzug in Jerusalem

Einführung:
Mit dem Palmsonntag beginnt die Karwoche, die große Heilige Woche vor Ostern. Im Mittelpunkt dieses Festes steht die Erinnerung an den Einzug Jesu in Jerusalem. Damals, vor rund 2000 Jahren, zog Jesus mit einigen Männern und Frauen durch das Land um den See von Gennesaret. Er half Menschen, von denen die anderen nichts wissen wollten, heilte Kranke und erzählte immer wieder von Gottes Liebe zu allen Menschen. Sein Weg führte ihn schließlich in die Hauptstadt Jerusalem. Dort wollte er das Paschafest feiern. In den wenigen Tagen erlebten die Menschen um Jesus so viel, dass es sich kaum in Worte fassen lässt. Zuerst waren sie mit Jesus fröhlich in die Stadt eingezogen. Die Menschen jubelten ihm mit Palmzweigen zu, so wie sonst siegreiche Soldaten und Könige begrüßt wurden. Begeistert breiteten sie ihre Kleider und Mäntel wie einen Teppich vor ihm aus. Kurze Zeit später mussten die Freunde Jesu hilflos miterleben, wie er verurteilt und getötet wurde. Schließlich wurden sie durch die Nachricht von seiner Auferstehung aus ihrer Verzweiflung gerissen.

Da Jesus bei seinem Einzug auf einem Esel von den Bewohnern Jerusalems mit Palmzweigen bejubelt und freudig begrüßt wurde, hat sich bereits im Mittelalter der Brauch entwickelt, diese Geschichte in Prozessionen und Umzügen nachzustellen. Wie einst die Menschen von Jerusalem Jesus zujubelten, so begleiten auch wir heute noch den Herrn und singen ihm frohe Lieder. Wir verehren Jesus Christus als unseren König; er ist ein König des Friedens, der Liebe und der Gerechtigkeit. Mit der Prozession am Palmsonntag bekennen wir Christen uns zu Jesus Christus, dem König des Friedens und der Liebe.

Viele Menschen damals jubelten und winkten Jesus zu. Wir wissen aber auch, dass Jesus Feinde in der Stadt Jerusalem hatte. So wurde schnell aus dem Ruf »Hosianna!« der Schrei »Kreuzige ihn!«. Im Mittelpunkt des Wortgottesdienstes am Palmsonntag steht deshalb die Leidensgeschichte, die Erinnerung an das Leiden und Sterben Jesu.

Wenn wir Christen die am Palmsonntag gesegneten Buchsbaumzweige mit in unsere Wohnungen nehmen und hinter die Kreuze stecken, dann stellt dieser Brauch ein »handgreifliches« Glaubensbekenntnis dar: wir gehören zu Jesus Christus und verehren ihn das ganze Jahr über als den Herrn und König unseres Lebens.

Verlauf:

BEGINN IM PLENUM

Begrüßung

Lied

Gebet
Lieber Gott,
wir danken dir, dass wir heute wieder gesund und fröhlich
zusammengekommen sind, um etwas von dir zu hören,
um zu spielen, zu basteln und uns miteinander zu freuen.
Wir wissen, wir dürfen zu dir so kommen, wie wir sind.
Dafür danken wir dir.
Wir danken dir für alle Menschen,
die uns während dieser Kinderbibelwoche begleiten
und uns dadurch eine schöne gemeinsame Zeit ermöglichen.
Sei du auch heute in unserer Mitte und begleite uns
an allen Tagen unseres Lebens.
Amen.

Einführung:
Kurze Wiederholung vom Vortag

Einzug in Jerusalem

Jesus zieht in Jerusalem ein (nach Matthäus 21,1-11)

Das Passahfest rückte immer näher. Aus allen Himmelsrichtungen strömten die Menschen nach Jerusalem. Und jeden Tag kamen noch mehr Menschen hinzu. Auch Jesus machte sich mit seinen Jüngern auf den Weg und zog nach Jerusalem. Als sie in der Ferne die Stadt sehen konnten, blieb Jesus plötzlich stehen. Er rief zwei Jünger zu sich und befal ihnen:»Geht in das Dorf, das vor uns liegt! Dort werdet ihr gleich am ersten Haus einen jungen Esel finden, der angebunden ist. Bindet ihn los und führt ihn her zu mir! Und wenn euch jemand fragt:»Warum macht ihr das?«, dann antwortet ihm:»Der Herr braucht ihn.« Dann wird er euch den Esel geben.

Die Jünger sahen Jesus fragend an. Was hatte er vor? Wozu brauchte er einen Esel? Aber plötzlich fiel ihnen ein, was in den Büchern der Propheten über den Retter steht:»Freue dich sehr und jauchze, du Stadt Jerusalem! Denn siehe, dein König kommt zu dir, ein Gerechter und ein Helfer, arm und reitet auf einem Esel!« Schnell liefen sie zu dem Dorf und fanden alles so, wie Jesus es gesagt hatte. Sie banden den Esel los, führten ihn zu Jesus und legten ihre Mäntel darauf. Da setzte sich Jesus auf den Esel und ritt los.

»Jesus kommt zum Paschafest nach Jerusalem!« Einer rief dem anderen die Nachricht zu, und bald lief eine große Menschenmenge auf der Landstraße Jesus entgegen.

»Seht mal, er reitet auf einem jungen Esel!«, riefen die Menschen begeistert.

»Genau wie die Propheten es uns gesagt haben: Freue dich, Jerusalem, dein König kommt zu dir auf einem Eselsfohlen. Endlich kommt der Messias!«

Die Menschen jubelten vor Freude. Sie rissen Palmenzweige von den Bäumen und winkten Jesus zu. Andere zogen ihre Mäntel aus und breiteten sie auf die Straße, damit Jesus wie ein König über einen Teppich reiten konnte. Die Jünger ließen sich von der allgemeinen Begeisterung anstecken,dass Jesus in Jerusalem sterben sollte, hatten sie längst vergessen.

»Gelobt sei Gott«, riefen die Menschen. »Macht Platz für unseren großen König!«

Jesus schaute hinüber zu der Stadt Jerusalem. Mit einem Mal wurde er sehr traurig, er begann sogar zu weinen. Er wusste, dass in wenigen Jahren die Römer Tausende von Juden töten und aus ihrem Land vertreiben würden. Und diese fröhlichen Menschen um ihn herum: In wenigen Tagen schon würden sie seinen Tod fordern.

»Ach, ihr Einwohner von Jerusalem«, seufzte Jesus.

»Ihr erkennt nicht euren Retter, den Gott euch schickt. Wie eine Henne ihre Küken unter die Flügel nimmt, so möchte ich euch beschützen. Aber ihr wollt nicht.«

Schließlich kam der lange Festzug in Jerusalem an. Wütend schauten sich die Hohenpriester und Pharisäer aus der Ferne dieses Schauspiel an.

»Er lässt sich als Messias feiern«, sagten sie aufgebracht.

»Das ist Gotteslästerung. Die Leute sollen sofort Ruhe geben!«

»Was wollen wir machen?«, wetterte Kaiphas, der Oberpriester, hinter verschlossenen Türen. »Er verführt das Volk! Wir müssen ihn so bald wie möglich aus der Welt schaffen.«

»Wie können wir ihn nur festnehmen?«, überlegten die anderen.

»Das Volk würde es nicht dulden, wenn er getötet würde.«

»Dann müssen wir die Menschen gegen ihn aufhetzen«, flüsterte einer der Pharisäer.

»Wir müssen wissen, wo er sich nachts aufhält«, fügte ein anderer hinzu.

Lied

Spiel: Reise nach Jerusalem

Das Spiel wird dahingehend abgeändert, dass zwar nach jeder Runde ein Stuhl zur Seite geschoben wird, aber kein Kind ausscheidet. Die Kinder verteilen sich auf die verbleibenden Stühle: nebeneinander, aufeinander usw., bis noch 5 Stühle übrig sind. Wenn wir Rücksicht nehmen und einander helfen, kommen alle ans Ziel!

L.: Überleitung zur Gruppenarbeit:

... viele Menschen sind froh.

... viele jubeln Jesus zu.

... aber nicht alle!

Manche, die mit jubeln, haben Jesus später fallen gelassen.

Dazu wollen wir nun mehr in den Kleingruppen hören!

GRUPPENARBEIT, ca. 60 Min.

Geschichte: »*Bejubelt und fallen gelassen!*«

Gespräch mit den Kindern
Gemeinsam ein Bild von Jesu Einzug in Jerusalem malen

FRÜHSTÜCK UND PAUSE, ca. 30 Min

GRUPPENARBEIT, ca. 60 Min

Ablauf in den Gruppen

Ziel:
Die Kinder erleben den Einzug Jesu in Jerusalem, wie er begeistert und froh empfangen wird. Sie bekommen eine Ahnung davon, was es heißt zuerst bejubelt zu werden, ganz oben zu stehen und plötzlich fallengelassen zu werden, nur von ganz wenigen Menschen Nähe und Zuwendung zu spüren.

→ **Benötigte Materialien:**
☐ Geschichte:»Bejubelt und fallen gelassen«
☐ Tapetenrolle o.großes Papier, Stifte
☐ Bastelanleitung **M 12**
☐ Tesafilm

GESPRÄCHSPHASE:

L.: Wir haben gerade gehört, wie Jesus am Palmsonntag von allen bejubelt in Jerusalem eingezogen ist. Vielleicht ist es euch auch schon so ähnlich ergangen wie Jesus: Zuerst wirst du bejubelt und dann, wenn etwas nicht mehr so klappt, wirst du ausgelacht oder gar ausgeschimpft. Ich möchte euch nun die Geschichte von Peter erzählen.

Vor zwei Wochen hatten sie in der Schule Volkerball gespielt. Peter war gut in Form: Einen nach dem anderen hatte er abgeschossen. Seine Mannschaft schrie vor Begeisterung. Nachher klopften sie ihm auf die

Schulter. Auch sein Lehrer lobte seine guten Leistungen. »Du bist ja unschlagbar, Peter!«

Zwei Tage später spielten sie wieder Völkerball. Im Wettkampf gegen eine Klasse der Nachbarschule. Peter's Mannschaft war ganz siegesgewiss »Was kann uns mit dem Peter schon passieren?«, sagten sie vor dem Spiel.

Einige wollten sogar in der Schülerzeitung darüber berichten. Endlich war es soweit.

Am Anfang konnte Peter drei Gegner abschießen. Ein Riesenjubel! Aber dann kam plötzlich ein Ball, der ihn zu scharf traf. Er musste ins Abseits. Zwar konnte er sich schnell wieder freischießen, aber jetzt war er nervös. Das Pech verfolgte ihn. Und weil er den Ärger seiner Freunde spürte, spielte er immer schlechter. Sie verloren das Spiel. Alle schoben die Schuld auf Peter. Selbst sein bester Freund verdächtigte Peter, das Spiel absichtlich vermasselt zu haben.

Er schimpfte: »Den lassen wir nie wieder mitspielen! Alles hat er uns verdorben! Absichtlich! Dass er hervorragend spielen kann, hat er ja bewiesen. Er soll nur nicht glauben, dass es ohne ihn nicht geht!«

Dass ausgerechnet sein bester Freund sich so gegen ihn stellte, war zuviel für Peter. Er rannte nach Hause und sperrte sich in sein Zimmer ein. Niemand sollte seine Tränen sehen. Erst der Jubel und die Freude, und heute ...

Und dazu das Verhalten seines besten Freundes ....

Während er in seinem Zimmer saß, kam ihm die letzte Religionsstunde in den Sinn. Da war vom Palmsonntag die Rede gewesen. Jetzt konnte er Jesus viel besser verstehen. Peter fühlte, wie ihm zumute gewesen sein muss, als man ihm »Hosanna!« zugeschrien hat. Er sah ja schon voraus, dass sie bald darauf schreien würden: »Kreuzige ihn!« Peter nahm sich fest vor, immer zu seinem besten Freund zu halten. Er wollte kein untreuer Freund sein, der gleich mit den anderen mitschreit.

(Aus: Wenn die Sonne wieder lacht)

L.: Vielleicht habt ihr ähnliche Situationen auch schon erlebt? Wer mag erzählen?

Am nächsten Sonntag feiern wir den Palmsonntag und beginnen dann die große Heilige Woche vor Ostern. Damals haben die Leute Jesus mit

Palmenzweigen begrüßt. Sie haben Jesus begeistert zugewinkt und sich gefreut. Sie wollten Jesus zum König machen. Wir wissen aber, dass Jesus auch Feinde in Jerusalem hatte. Und so wurden aus vielen winkenden Händen auf einmal schlagende Hände. Aus den Palmen wurden schlagende Stöcke. Aus dem Ruf »Hosianna!« wurde der Schrei »Kreuzige ihn!« So schnell wechseln Menschen ihre Meinung. So schnell ist man »out«, unten durch, aufgegeben, vergessen.

Jesus zog mit einem Esel nach Jerusalem. Jesus mochte Esel gerne. Esel sind nämlich die Tiere der armen Leute, nicht die der Reichen und Mächtigen. Esel helfen den Menschen, schwere Lasten zu tragen. Und der Esel ist ein Tier des Friedens, nicht ein Reittier für den Krieg wie ein Pferd. Jesus will mit dem Esel deutlich machen: Ich bin für die Armen da. Ich helfe den Menschen und komme nicht mit Macht und Gewalt. Jesus ist ein König, der Friede und Liebe bringt.

Wir haben vorhin gehört, dass

... viele Menschen froh waren, als Jesus in Jerusalem eintraf.

... viele Menschen zu Jesus jubelten,

... aber nicht alle.

... manche, die zuerst gejubelt haben, Jesus dann haben fallengelassen.

Wir wollen jetzt einmal gemeinsam überlegen, was die Menschen damals wohl gedacht haben – die, die gejubelt haben und die anderen.

Was haben die Kinder wohl gedacht?

... Toll, endlich mal was los hier in Jerusalem. Das ist einer von den Großen, der echt in Ordnung ist. Er schickt uns Kinder nicht weg. Er hat Zeit für uns Kinder. Wir freuen uns, Jesus zu sehen. Er redet mit uns und hat uns gern.

Was mögen wohl die Schriftgelehrten gedacht haben?

... Wie beliebt dieser Jesus ist! Da stimmt irgend etwas nicht. Diese Berühmtheit wird langsam gefährlich. Er hetzt das Volk auf. Er spricht mit Sündern, mit Aussätzigen, mit Zöllnern und Dirnen. Er hat Kontakt mit schlechten Menschen. Jesus hält sich nicht an die Gebote. Wir wollen überlegen, was wir gegen ihn unternehmen können. So geht es nicht weiter.

Was haben wohl die Freunde Jesu gedacht?

... So viele Menschen jubeln und sind begeistert. Und dieser Jesus ist unser bester Freund! Wir haben auch Angst. Die Sache ist uns nicht geheuer. Viele Menschen jubeln heute und ändern morgen ihre Meinung. So ist das. Manche meinen es nicht ehrlich. Jesus hat viele Freunde, aber wir wissen auch, dass er Feinde hat. Menschen, die neidisch und missgünstig sind. Menschen, die Angst um ihre Macht haben. Wir haben Angst um unseren Freund.

Was haben all die armen, kranken, einsamen Menschen gedacht? Oder Zachäus, Bartimäus, Menschen, die Jesus geheilt hatte? ... Da kommt unser Freund. Er hat uns geholfen. Er hat uns geheilt. Er steht zu uns. Er mag uns, so wie wir sind – trotz unserer Fehler und Sünden. Auf Jesus kann man sich verlassen. Ihm glauben wir. Gut, dass es solche Menschen gibt. Jesus, das ist wirklich ein guter König! Ein König des Friedens.

Angenommen, Jesus käme heute auf einem Esel zu uns. Was würde wohl geschehen? Wer würde sich darüber freuen oder sich ärgern? Wen oder was würde Jesus wohl kritisieren? Würden wir Jesus überhaupt erkennen?

Wenn wir uns am Palmsonntag an den Einzug Jesu in Jerusalem erinnern, versammeln sich auch viele Menschen: Kinder, Jugendliche, Erwachsene, Eltern, Großeltern ... Wir malen jetzt gemeinsam ein Bild. Ein Bild mit vielen verschiedenen Menschen, die alle Jesus begrüßen und sich freuen, dass er zu ihnen kommt.

Bild von Jesu Einzug in Jerusalem malen lassen!

KREATIVPHASE:

L.: Die Menschen aus Jerusalem winkten Jesus mit Palmzweigen zu. Von dieser Begrüßung mit Palmzweigen leitet sich der Name »Palm« – Sonntag her. In unserer Gegend wachsen keine Palmen. In den verschiedenen Orten haben sich sehr unterschiedliche Traditionen entwickelt. Wir basteln nun einen Palmstock, so wie wir ihn hier kennen: Weidenstöcke mit Seidenpapier umwickelt, Seidenpapierröschen und Buchsbaum auf die Spitze gesetzt.

Basteln von Palmstöcken (M 12)

→ **Benötigte Materialien:**
- ❑ Weidenstöcke
- ❑ verschiedenfarbiges Seidenpapier
- ❑ Stricknadeln
- ❑ Tesafilm oder Blumendraht
- ❑ Buchsbaum

Seidenpapier-Röschen:

1. Etwa 24 cm breite und 35 cm lange Streifen aus Seidenpapier schneiden.
2. Diese Streifen in der Mitte knicken! (ca. 12 cm breit)
3. Im Anschluss daran in die gefalzte Mitte eine Stricknadel schieben. Nun wird das Seidenpapier mit Hilfe der Stricknadel gerafft. Nachdem die Stricknadel herausgezogen ist, die Röschen locker um die beiden Mittelfinger wickeln und am unteren Ende zusammendrehen.
4. Der Weidenstock wird mit Seidenpapier umwickelt!
5. Diese Seidenpapier-Röschen werden spiralförmig – etwa in der Mitte des Weidenstocker beginnend – um den Weidenstock gebunden. Für die Kinder ist es am einfachsten, die Röschen mit Tesafilm zu befestigen. Sie können allerdings auch mit Blumendraht befestigt werden.
6. Um die Spitze des Weidenstockes wird Buchsbaum gewickelt! Wenn es möglich ist, sollten die Buchsbaumsträußchen schon fertig gebunden sein!

→ Bei dieser Bastelaktion ist die Hilfe von Erwachsenen unbedingt erforderlich! Es sollte auch genügend Zeit eingeplant werden!

Lied

Gebet

Guter Gott,

dein Sohn Jesus musste einen schweren Weg gehen.

Du hast ihn auf seinem Weg begleitet.

Bleibe auch bei uns, auf all unseren Wegen.

Schenke uns deinen Schutz und deine Geborgenheit.

Lass uns deine Nähe spüren, wo immer wir auch sind.

Gib uns Mut und Kraft, so zu leben, wie Jesus es uns vorgelebt hat.

Wir danken dir für diesen frohen Kinderbibeltag. Amen.

3. Tag: Jesus nimmt unsere Kreuze auf sich

Einführung:

Schon beim Einzug in Jerusalem wusste Jesus, dass er bald sterben würde. Er wusste, dass ihm in Jerusalem nicht nur Jubel und Begeisterung entgegengebracht werden würde, sondern ihn Misstrauen und offene Feindschaft erwarteten. Die Mächtigen der Stadt sahen es nicht gerne, dass ein anderer mit seinen Worten und Taten so viele Menschen anzog. Das brachte Unruhe in die Stadt, das konnte die Herrschenden in Bedrängnis bringen. Sie sahen deshalb in Jesus nur den Unruhestifter, den man zum Schweigen bringen musste. Trotzdem zog Jesus in die Stadt. Er trug seine Worte und Taten, seine Botschaft von Gottes Liebe auch in die Hauptstadt hinein. Jesus lässt sich von niemandem, auch nicht von den Regierenden der Hauptstadt, von seinem Auftrag abbringen, den Menschen, vor allem den Bedrängten und Hilfsbedürftigen, die frohmachende Botschaft von Gott zu bringen.

In der Passionszeit, in der Karwoche, denken wir daran, wie Jesus von einem seiner Freunde verraten, von römischen Soldaten gefangen genommen, verhört, verurteilt und gekreuzigt wurde. Aber – wenige Tage danach erfuhren seine Freundinnen und Freunde, dass er nicht im Tod geblieben, sondern auferstanden war. Etlichen seiner Freunde begegnete er in einer neuen und ganz anderen Weise als bisher, sprach mit ihnen, tröstete sie, machte ihnen Mut. So gehört beides zusammen: die Geschichte von Jesu Auferstehung und die Erinnerung an all das Schlimme, das damals in Jerusalem geschah, die Trauer und die Freude, Jesu Tod und die Botschaft von seinem neuen Leben, die Passions- und die Ostergeschichten.

An diesem Kinderbibeltag gehen wir mit unseren Kindern den Kreuzweg Jesu nach. Jesus nimmt sprichwörtlich für uns das Kreuz auf sich. Er ist auch heute, nach 2000 Jahren, mit seinem Kreuz unterwegs und ermutigt alle, die ein Kreuz tragen müssen: die einsamen und alten Menschen, die Kranken und die Behinderten, die Menschen, die am Rande unserer Gesellschaft stehen. »Leid«, »Traurigkeit« und »Schmerz« kennen Kinder aus eigener Erfahrung. Auch die Kinder erleben Krankheit und Tod, Schmerz und Trauer in der eigenen Familie, dem Freundeskreis oder der Nachbarschaft. In jeder Familie, in Kindergarten und Schule gibt es zudem Ungerechtigkeiten und Verletzungen. Desweiteren nehmen schon die kleinen Kinder durch die Medien am Weltgeschehen teil. Bilder in Fernsehen und Zeitungen, Gespräche der Erwachsenen werfen Fragen auf. Und nicht zuletzt teilen sich Spannung, Sorge und Ängste der Eltern den Kindern mit. Im Umgang mit Kindern fällt immer wieder auf, dass Kinder eine natürliche und unbefangene Beziehung zum Tod haben. Oftmals übernehmen die Kinder die Furcht und den Schrecken des Todes erst später von den Erwachsenen. Da der »Tod« und das »Danach« für uns Erwachsene verstandesmäßig nicht erfasst werden können, macht uns das Ungewisse und Undurchschaubare Angst. Diese Ängste, Unsicherheiten und die Trauer übertragen wir auf die Kinder. Kinder hingegen kennen diese Angst nicht. Sie registrieren jedoch die Reaktionen der Erwachsenen und reagieren auf ihre eigene, unbefangene Art auf die Begegnung mit Tod und Trauer. So stellt auch die Auseinandersetzung mit dem Leiden und dem Tod Jesu sowie seiner Auferstehung für die Kinder keine Überforderung dar. Sie ist vielmehr Teil der religiösen Erziehung und ein Weg, Kindern den Glauben – mit seinen dunklen und hellen Seiten – nahe zu bringen.

Im Mittelpunkt dieses Tages stehen verschiedene Kreuze. Jesus ist den Weg des Kreuzes gegangen. Er hatte sein Kreuz zu tragen, er hat es getragen für uns. In der Begegnung und Auseinandersetzung mit Jesus, der für uns den Kreuzweg gegangen ist, finden wir das Auf und Ab, das Kreuz und Quer unseres Lebens. Jeder von uns hat sein Kreuz, sein ganz persönliches Kreuz zu tragen. Wir haben die wichtigsten Stationen seines Leidensweges herausgegriffen, um den schwierigen, harten und steinigen Weg Jesu begreiflich zu machen. Wir denken dabei auch an unseren eigenen Lebensweg und sprechen über Situationen, wo wir anderen Kreuze aufladen – oder andere mit ihrem Kreuz allein lassen. Wie Jesus damals, so werden auch heute Menschen Opfer ihrer Mitmenschen.

Das Kreuz ist Sinnbild von Leid und Tod, es ist aber auch Sinnbild des neuen Lebens, das wir durch Christus empfangen haben. So blicken wir vom Kreuz des Karfreitags schon auf das Licht der Osternacht. So wird das Kreuz zum Zeichen des Sieges über den Tod, zum Zeichen der Auferstehung und der Treue Gottes zu uns Menschen. Es ist wichtig, den Kindern verständlich zu machen, dass mit dem Tod nicht alles zu Ende ist. Jesus ist auferstanden. Ostern ist das Versprechen Gottes: Ich führe dich durch Not und Tod hindurch zum Leben. Das hat Jesus erlebt und bezeugt. Das haben seine Jünger damals geglaubt, das glauben wir Christen auch heute.

Ostern, Auferstehung – Spuren davon gibt es in meinem Leben, wie sicher auch im Leben anderer Menschen: Wenn Krankheit, Sorgen und persönliche Probleme durchgestanden sind und sich eine Wendung zum Besseren abzeichnet. Wenn Verluste überwunden werden und jemand mit schmerzlichen Veränderungen und Einschränkungen weiter zu leben lernt. Wenn in scheinbar ausweglosen Situationen doch noch eine Lösung gefunden wird oder unerwartete Hilfe kommt. Wenn eine Beziehung durch Streit oder Entfremdung zu zerbrechen droht und doch noch Gespräch und Versöhnung möglich sind. Wenn Schuld einen Menschen niederdrückt und er Verzeihung erfährt.

Solche »kleinen« Auferstehungserfahrungen können die Kraft geben, zu hoffen, wo alles dagegen spricht, zu handeln, wo der Erfolg zweifelhaft ist, zu vertrauen, wo der Verstand seine Grenzen erreicht. Deshalb ist es wichtig, diese Ostererfahrungen wahrzunehmen und mit Kindern darüber zu sprechen. Es geht darum, zu begreifen, dass Ostern auch für mein Leben gilt. Ostern ist ein Versprechen Gottes: Was immer dir auch geschieht, ich bin bei dir und führe dich ins Leben.

Verlauf:

Begrüßung

Lied

Gebet:
Lieber Jesus!
Wir haben uns heute an unserem 3. Kinderbibeltag wieder hier versammelt,
um zu erfahren und nachzuspüren, wie es dir auf deinem schweren Weg wohl ergangen sein mag.
Du bist für uns gestorben.
Du hast das getan, was dein Vater von dir wollte.
Gott hat dich nicht allein gelassen;
er hat dich auferweckt von den Toten.
Das gibt uns Mut und Hoffnung.
Das gibt uns die Gewissheit, wir sind nicht allein.
Danke!
Amen

Lied: *Dias zur Leidensgeschichte betrachten*

Einführung:
L.: Wir haben gerade gesehen, wie Jesus am Kreuz gestorben ist. Jesus sagt aber auch zu uns:»Nehmt euer Kreuz und folgt mir nach.« Er spricht nicht nur von seinem Kreuz, sondern auch von unserem Kreuz.

Was meint er mit unserem Kreuz? Vielleicht habt ihr schon einmal gehört, dass jemand sagte:»Das ist ein schweres Kreuz«. Wer das sagt, der meint seine eigene Last, die ihn bedrückt.

Eine schwere Last, ein schweres Kreuz kann zum Beispiel sein:
ausgelacht werden, traurig sein, weil ein lieber Mensch gestorben ist, krank sein, Angst haben, behindert sein, Sorgen und Kummer haben ...

Es gibt viele verschiedene Lasten, die die Menschen tragen. Jesus sagt:

»Das Kreuz gehört zum Leben. Ich will euch helfen, dass jeder sein Kreuz tragen kann. Ich selbst habe ein schweres Kreuz getragen.« Und es gibt auch heute noch Menschen wie Simon von Zyrene, die andern helfen, das Kreuz zu tragen, damit es leichter wird. Mit der Auferstehung Jesu ist das Kreuz zum Zeichen der Hoffnung geworden. Jedes Kreuz soll uns sagen: Gott hilft und macht alles gut.

Wir wollen nun in den verschiedenen Gruppen darüber nachdenken, was für Lasten Menschen zu tragen haben!

GRUPPENARBEIT, ca. 60 Min.

Gespräch mit den Kindern

Ablauf in den Gruppen

Ziel: Die Kinder erfahren, dass Jesus einen schweren Weg gehen musste; dass er für uns am Kreuz gestorben ist; dass er uns so sehr geliebt hat, dass er dieses Leiden auf sich genommen hat. Sie denken darüber nach, dass es auch auf unserem Lebensweg Kreuze, Lasten und Hindernisse gibt, so dass unser Weg auch zu einem Kreuzweg werden kann.

→ **Benötigte Materialien:**
- 6 Holzkreuze (Höhe ca. 1 m): Kreuz der Angst, des Krieges, der Vorurteile, der Einsamkeit, des Leidens, des Todes
- Zeitungen, Zeitschriften,
- Tapetenrollen, Klebstoff

Gesprächseinstieg

L.: Wir beginnen heute bewusst mit dem Kreuzzeichen.

Lied: *Im Namen des Vaters*
1. Im Namen des Vaters fröhlich nun beginnen wir.
   Er hat alle Welt erschaffen. Gott, wir danken dir dafür.
2. Im Namen des Sohnes kommen wir zusammen hier.
   Er ist unser aller Bruder. Jesus Christ, wir folgen dir.

3. Im Namen des Geistes bitten wir um Gottes Kraft.
   Jedem Kinde soll er helfen, dass es seine Arbeit schafft.

L.: Wir haben heute morgen unseren Kinderbibeltag ganz bewusst mit einem Kreuzzeichen begonnen. Gestern haben wir erfahren, wie Jesus begeistert in Jerusalem empfangen wurde. Heute begleiten wir Jesus auf dem letzten Abschnitt seines Lebens, dem Weg mit dem Kreuz.
Wenn wir ein Kreuzzeichen machen, zeigen wir:

Im Namen des Vaters:	Ich sammle meine Gedanken; ich denke nach.
und des Sohnes:	Ich fasse mir ein Herz, beruhige meine Gefühle.
und des Heiligen Geistes	Ich besinne mich auf meine Kräfte.
Amen:	Ich bin bei mir – ganz bei Gott!

Hier in der Mitte liegt ein Kreuz; ein Kreuz aus Holz. Aus Holz war auch das Kreuz, das Jesus getragen hat. Jesus ist für uns Menschen diesen schweren Weg gegangen, für uns ist er am Kreuz gestorben.

1. STATION: DAS KREUZ DER ANGST

Die erste Gruppe befasst sich mit dem folgendem Text:

Jesus am Ölberg
Der Garten von Getsemani lag im Dunkeln, nur das Mondlicht warf Schatten. Jesus sagte zu seinen Jüngern:»Bleibt ihr besser hier, ich will dort drüben beten.« Dann wandte er sich an Petrus, Jakobus und Johannes:»Ihr drei dürft mich noch ein Stück begleiten «. Die drei gingen mit ihm, und sie sahen, dass Jesus sehr niedergeschlagen war.»Bleibt hier und wacht mit mir«, sagte er.
   Er ging einige Schritte von ihnen fort und warf sich zu Boden. Und er betete:»Vater, dir ist alles möglich. Lass diesen Leidenskelch an mir vorübergehen. Aber dein Wille geschehe!«

Er kam zurück zu den drei Jüngern. Aber anstatt wach zu bleiben, wie er sie gebeten hatte, waren sie eingeschlafen, ganz erschöpft von dem langen, schweren Tag.

»Simon Petrus«, sagte Jesus, »sogar du bist eingeschlafen. Konntest du nicht eine Stunde wach bleiben?« Die drei Jünger erwachten und schämten sich sehr. Es tat ihnen leid, dass sie Jesus in seinem tiefen Leid allein gelassen hatten.

»Bleibt wach!« bat er sie erneut, »und betet, dass ihr kein Unrecht begeht!« Freundlich und voller Mitleid sah er sie an und sagte: »Ihr wolltet wach bleiben, aber ihr seid einfach zu müde!«

Und wieder ging Jesus zum Beten. Voller Demut sagte er: »Vater, wenn dieser Leidenskelch der einzige Weg ist, dann soll dein Wille geschehen ...!«

Als er zu den drei Jüngern zurückkehrte, waren sie schon wieder eingeschlafen. Noch einmal weckte er sie, und sie waren stumm vor Scham.

Jesus betete ein drittes Mal. Und auch beim dritten Mal fand er die Jünger in tiefem Schlaf. Dieses Mal sagte er: »Schlaft ihr etwa immer noch?« Und dann drängend: »Wacht auf! Die Zeit ist gekommen! Lasst uns gehen! Dort kommt der, der mich verraten wird!«

Die Jünger wachten auf. Plötzlich waren sie hellwach. Sie fühlten sich geblendet vom Schein vieler Fackeln und Laternen. Lanzen und Schwerter klirrten. Ein Trupp Soldaten rückte an, die Tempelgarde, von den Hohenpriestern geschickt.

Gesprächseinstieg:
Der oben aufgeführte Text wird vorgelesen.

L.: Sicherlich kennt ihr alle diesen Text: Jesus betet, er hat Angst. Was meint ihr, wie Jesus sich wohl gefühlt haben mag?

... er war sicherlich enttäuscht, dass ausgerechnet seine Freunde einschliefen.

Auf unserem Kreuz hier in der Mitte steht das Wort Angst.

Wir wissen, dass Jesus Angst hatte, als er merkte, dass man ihn töten wollte. Er wäre am liebsten weggelaufen, aber er tut, was sein Vater möchte.

Jesus geht mit seinen Jüngern zu einem Garten am Ölberg namens Getsemani. Dort ist er oft mit seinen Jüngern gewesen. Doch in dieser

Nacht ist es ganz anders. Er sagt zu seinen Jüngern: Bleibt hier und wacht mit mir, während ich bete. Er hat Angst vor dem, was ihm bevorsteht.

Auch wir kennen das: Es hat Ärger oder Streit gegeben, und dann fliehen wir aus dem Haus, um allein zu sein. Oder wir halten es in unserem Zimmer nicht mehr aus. Wir wollen weg von daheim und hoffen, dass die Angst vergeht.

Jesus kniet nieder und bittet: Vater, wenn es möglich ist, lass diesen Kelch an mir vorübergehen. Er hat Todesangst. Er weiß nicht, wie es weitergehen soll. Aber trotzdem sagt er: »Vater, wenn es dein Wille ist, so soll es geschehen!«

Manchmal haben auch wir schreckliche Angst: vor einer drohenden Strafe, wenn wir ganz allein im Dunkeln sind oder wenn wir ganz lange allein gewesen sind. Wann haben wir Angst? Welche Situationen fallen uns ein?

Angst
... vor Gewitter, vor dem Dunkel, vor dem Ausgelachtwerden, vor Drohungen, vor Liebesentzug, vor dem Nicht-anerkannt-Werden, vor dem Nicht-gemocht-Werden, vor dem Verlust eines lieben Menschen, vor dem Alleinsein ...

... vor Spinnen, Mäusen, Unfällen, Umweltkatastrophen, Krieg, Krankheit und vielem mehr.

... vor zu hohen Erwartungen, vor Forderungen in der Schule, davor, keinen Ausbildungsplatz zu bekommen.

Im gemeinsamen Gespräch sollen die Kinder erfahren, dass Angst bei Kindern und Erwachsenen gleichermaßen vorkommt; sie sollen erfahren, dass es für Ängste Hilfe und Trost gibt. Sie erfahren, dass auch andere Menschen Ängste haben und dass man mit seiner Angst nicht allein bleiben muss. Gemeinsam kann nach Lösungen zur Minderung oder Überwindung der Angst gesucht werden. Im Gespräch sollte dem einzelnen deutlich werden, dass er sich seiner Ängste nicht schämen muss, dass er damit nicht alleine ist und dass er Hilfe erfahren kann.

L.: Angst gehört zum Leben. Angst kennt jeder von uns: wir Erwachsenen, Jugendliche und Kinder. Angst durchzustehen ist nicht immer leicht. Wie können wir Angst besser aushalten? Was tut uns dann gut?

... Wenn wir Angst haben, brauchen wir Menschen, die uns beistehen, die Geduld mit uns haben, die den Arm um uns legen und mit uns beten. Menschen, die uns sagen: Hab Vertrauen, ich bin bei dir! Jesus ist bei euch! Menschen, die mit uns sprechen, die uns auch verstehen, ohne dass wir etwas sagen. Menschen, die uns in solchen Situationen nicht auslachen, die Verständnis zeigen, die uns ihre Nähe und Geborgenheit schenken.

Wir brauchen gute Freunde und Freundinnen, die uns Mut machen, die uns auf unserem Weg begleiten, die uns auch dann nicht allein lassen, wenn wir in einem dunklen Loch sitzen, wenn wir Angst haben. Wir begleiten Jesus auf seinem Kreuzweg. Jesus hatte Angst, er weiß, was es heißt, allein gelassen zu werden. Er kennt das, er geht diesen Weg und er wird ihn auch mit uns gehen, wenn wir Angst haben. Wir zeichnen nun den Umriss eines Kindes auf und schneiden diesen Umriss aus. Gemeinsam überlegen wir dann, was wir Jesus jetzt sagen möchten und schreiben auf.

KREATIVPHASE

L.: Wir haben darüber nachgedacht, wann und wovor wir Angst haben und was uns hilft, diese Angst zu überwinden. Jetzt fertigen wir gemeinsam eine Collage zum Thema »Angst« an.

2. STATION: DAS KREUZ DES KRIEGES

Die zweite Gruppe befasst sich mit folgendem Text:

Jesus wird verhaftet

Auf einmal blitzten überall im Garten Getsemani brennende Fackeln auf. Soldaten und Knechte des Hohenpriesters stürmten heran. Die Jünger rappelten sich hoch. Jesus aber trat ganz ruhig vor die Soldaten.

»Wen sucht ihr?«

»Jesus von Nazareth!«, antworteten sie.

»Das bin ich«, sagte Jesus.

Judas bahnte sich einen Weg durch die Tempelgarde nach vorn zu Jesus. Und bevor er noch ein Wort sagen konnte, sprach Jesus: »Tu, was du tun musst!«

Da küsste Judas ihn und sagte:»Meister!« Denn das war das verabredete Zeichen für die Soldaten.

»Mit einem Kuss verrätst du den Menschensohn?«, fragte Jesus ihn.

Die Soldaten rückten vor, um Jesus festzunehmen. Wütend sprang Petrus dazwischen, zog ein Schwert und hieb dem Diener des Hohenpriesters Kaiphas ein Ohr ab. Jesus aber berührte das Ohr des Mannes und heilte es.

»Lasst eure Schwerter stecken«, befahl er seinen Jüngern.»Denn der, der durch die Macht des Schwertes lebt, wird durch das Schwert sterben!« Glaubt ihr etwa, ich könnte meinen Vater nicht selbst zu Hilfe rufen? Er könnte Zehntausende von Engeln zu meiner Verteidigung schicken. Aber wenn ich das täte, würde nicht in Erfüllung gehen, was in der Bibel vorhergesagt wurde. Glaubt ihr etwa, ich würde meinem Vater nicht gehorchen?«

Dann sprach er zu den Soldaten:»Bin ich etwa ein Aufrührer? Kommt ihr deshalb mit Lanzen und Schwertern, um mich gefangen zu nehmen? Habt ihr mich nicht jeden Tag im Tempel lehren gehört? Warum habt ihr mich nicht dort verhaftet? Ich bin Jesus von Nazareth, den ihr festnehmen sollt. Lasst meine Jünger laufen!«

Und seine Jünger, die sahen, was kommen würde, verließen ihn und rannten davon.

Gesprächseinstieg:
Der oben aufgeführte Text wird vorgelesen.

L.: Sicherlich kennt ihr alle diesen Text: Jesus wird von Judas verraten und danach festgenommen. Petrus ist wütend und haut mit einem Schwert dem Knecht ein Ohr ab. Schwerter und Waffen sind Symbole für Gewalt, Auseinandersetzungen, Krieg. Auf unserem Kreuz hier in der Mitte steht das Wort »Krieg«.

Wir wissen, dass Jesus Macht hatte, sich gegen seine Gegner zu wehren. Aber er wehrte sich nicht und fordert seine Freunde zum Frieden auf. Er wollte keinen Krieg, keine Gewalt – er ist ein König der Liebe und des Friedens. Auch in dieser schweren Situation zeigt uns Jesus: Ich brauche kein Schwert, ich will keine Gewalt – ich möchte, dass die Menschen einander lieben, und zeige ihnen einen Weg der Liebe und des Friedens.

Aus dem Fernsehen kennen wir schreckliche Bilder von Kriegen: Bilder, vor denen wir am liebsten die Augen verschließen würden. Krieg, Gewalt, Folter, Grausamkeiten – Unfrieden prägt unsere Welt im Großen wie im Kleinen. Wo erleben wir Krieg?

... Krieg im Kleinen: Streit in unseren Familien, in der Schule und am Arbeitsplatz

... Krieg im Kleinen: Wenn Gewalt, Neid und Hass den Alltag durchdringen

... wenn wir andere unterdrücken, sie klein machen und ausbeuten, sie ausnutzen

... wenn wir unsere Mitschüler tyrannisieren, sie beschimpfen

... wenn wir uns prügeln

... wenn wir unsere Worte als Waffen gebrauchen

Jesus ist für den Frieden. Er hat aber auch erlebt, wie schnell die Menschen zum Schwert greifen, wie Missgunst und Streit sich breit macht. Er kennt das und wird immer bei uns sein, wenn in unserem Alltag Hass und Streit herrscht. Wir begleiten Jesus auf seinem Kreuzweg. Wir zeichnen nun den Umriss eines Kindes auf und schneiden diesen Umriss aus. Gemeinsam überlegen wir dann, was wir Jesus jetzt sagen möchten und schreiben es auf.

KREATIVPHASE

L.: Wir haben darüber nachgedacht, wo wir in unserem Alltag Hass und Gewalt erleben und was wir in solchen Situationen tun können, damit wir friedlich miteinander und füreinander leben. Jetzt fertigen wir gemeinsam eine Collage zum Thema »Krieg« an. Vielleicht können wir auch zwei gegensätzliche Collagen anfertigen: Situationen, in denen wir Gewalt erleben und Situationen, in denen Frieden und Eintracht herrscht.

3. STATION: DAS KREUZ DER VORURTEILE

Die dritte Gruppe befasst sich mit folgendem Text:

Verurteilung durch Pilatus
Die ganze Nacht lang stand Jesus vor dem Hohen Rat und musste sich die falschen Anklagen anhören. Jeder der aufgerufenen Zeugen erzählte etwas anderes. Nicht in einem einzigen Punkt konnten sie Jesus überführen. In dieser verzweifelten Lage stellte schließlich der Hohepriester selbst Jesus zur Rede: »Sage mir die Wahrheit«, forderte er ihn auf, »bist du der Messias, der Sohn Gottes?«

»Ich bin es!« antwortete Jesus.

»Das reicht aus!« erklärte der Hohepriester.

»Der Gefangene hat behauptet, Gottes Sohn zu sein. Nach unserem Gesetz verdient er dafür den Tod.«

Aber nur Pilatus, der römische Statthalter, konnte ein Todesurteil aussprechen. Sie mussten ihn überzeugen, dass Jesus auch nach römischem Gesetz ein Verbrechen begangen hatte, das mit dem Tod bestraft werden musste. Sie übergaben Jesus den Wachen, die ihn quälten und misshandelten, während sie ihren Plan aussheckten. Am frühen Morgen führten sie Jesus in Ketten zum Palast des Pilatus.

»Dieser Mann hat Unruhe gestiftet«, sagten sie zu Pilatus.

»Er forderte die Leute auf, keine Steuern mehr zu zahlen, und behauptete, er sei ein König.«

Aber Pilatus war überzeugt, dass die jüdischen Führer diese Anklagen erfunden hatten, da sie eifersüchtig auf ihn waren. Daher nahm er selbst Jesus ins Verhör, und in der Tat konnte er kein Unrecht an ihm finden. Die ganze Zeit über stand eine Menschenmenge unten vor dem Palast des Pilatus, aufgehetzt und angeführt von den Priestern und Führern. Sie schrie immer wieder. »Ans Kreuz mit ihm! Ans Kreuz mit ihm! Ans Kreuz mit ihm!«

Pilatus kam heraus und sprach zu ihnen: »Dieser Mann ist unschuldig. Er verdient nicht den Tod.«

Das Geschrei wuchs an zu betäubendem Lärm: »Ans Kreuz mit ihm! Ans Kreuz mit ihm!«

Pilatus versuchte es auf andere Weise.

»Es ist die Zeit des Paschafestes«, sagte er. »Aus diesem Anlass gebe ich einem Gefangenen die Freiheit. Wollt ihr, dass ich Jesus freigebe?« Aber die Führer hatten sich auf diese Worte vorbereitet. »Wir wollen Barabbas!« schrien sie, und die Menschenmenge machte es ihnen nach. Barabbas saß wegen Mordes im Gefängnis.

Pilatus sah nun keinen Ausweg mehr. Wenn die Menschenmassen eine Aufruhr machten, würde er seinen Posten verlieren. So wagte er es nicht, Jesus freizulassen, obwohl er nach römischem Recht unschuldig war.

Pilatus wollte aber deutlich machen, dass er nicht am Tod Jesu schuld sein wollte, sondern nur die jüdischen Richter ihn für schuldig hielten. Er ließ sich eine Schüssel mit Wasser bringen und wusch sich vor aller Augen die Hände.

Dabei sagte er: »Dann muss Jesus sterben, so wie ihr es wollt, aber ich will daran nicht schuld sein.«

Die Soldaten hatten gehört, dass Jesus verurteilt worden sei, weil er der König der Juden werden wollte. Einer von ihnen band einen Dornenzweig zu einer Krone zusammen und setzt diese Dornenkrone Jesus auf den Kopf und fing an, darüber zu lachen.

Gesprächseinstieg:
Der oben aufgeführte Text wird vorgelesen.

L.: Nachdem Judas Jesus verraten hatte, führen die Soldaten ihn vor Pilatus. Seine Freunde lassen ihn im Stich und fliehen. Pilatus erkennt zwar, dass Jesus unschuldig ist, aber er hat Angst vor dem schreienden Volk. So wird Jesus verurteilt, obwohl er unschuldig ist. Pilatus ist zu schwach, um gegen diesen gewaltigen Strom des Hasses schwimmen zu können. So überlässt er Jesus der aufgebrachten Menge. Auf diesem Kreuz steht das Wort Vorurteile.

In dem Wort Vorurteil stecken die Wörter verurteilen, Urteil. Warum hat Pilatus wohl Jesus verurteilt?

Er hatte Angst, seinen Posten zu verlieren.

Er hatte Angst, nicht gut dazustehen.

Er schwamm im Strom mit.

Er ist feige.

Pilatus suchte seinen persönlichen Vorteil .

Pilatus wollte die Konsequenzen seiner Entscheidung nicht tragen.

Pilatus ließ sich beeinflussen.

Wir wissen, dass sich Jesus vor Pilatus hätte verteidigen können. Aber er lässt sich verspotten und verurteilen. Pilatus verurteilt Jesus. Aus Feigheit verurteilt er Jesus zum Tod am Kreuz. Wenn Pilatus ein anständiger Richter gewesen wäre, hätte er gesagt: Der Mann ist unschuldig. Ich lasse ihn frei! Auch wir können Pilatus sein, wenn wir Unschuldige anklagen.

– wenn wir einen Mitschüler beim Lehrer verpetzen

– wenn wir über andere die Unwahrheit sagen

– wenn wir schlecht über andere reden

– wenn wir andere zu Unrecht verurteilen

– wenn wir über andere reden, bevor wir sie richtig

kennen gelernt haben

– wenn wir Macht ausüben und andere diese Macht spüren lassen

– wenn wir über andere urteilen – andere verurteilen – andere

mundtot machen

– wenn wir mitschreien, wenn andere schreien – auf andere

mit Fingern zeigen, um die eigene Haut zu retten ...

Immer wieder werden auch heute Menschen verurteilt und abgelehnt. Immer wieder wird Menschen jede Chance verweigert, werden sie mit Vorurteilen überhäuft, Randgruppen zugeordnet, abgestempelt und isoliert.

Kennt ihr solche Randgruppen oder Außenseiter unserer Gesellschaft? Welche Kinder lasst ihr beispielsweise nicht mitspielen?

... Aussiedler, Ausländer, Asylanten

Ausgegrenzt werden auch Kinder, die keine Markenkleidung tragen, die nicht im Strom der Mode mitschwimmen, Kinder, die es in der Schule schwer haben, die eine Sonderschule besuchen, Kinder, die eine Behinderung haben.

Wie verhalten wir uns, wenn andere verdächtigt werden? Schreiben wir sie ab oder geben wir ihnen die Chance zu einem neuen Anfang?

Es kommt immer wieder vor, dass wir andere ausliefern, indem wir sie bei unseren Mitmenschen schlecht machen oder schlecht über sie reden.

Pilatus wollte mit der Verurteilung Jesu nichts zu tun haben. Demonstrativ wäscht er sich die Hände. Es gibt die Redensart:»Die Hände in Unschuld waschen«. So wie Pilatus waschen auch wir unsere Hände gerne in Unschuld.

Beispiele:

Wenn uns die Lehrerinnen oder Lehrer beim Stören erwischen, dann schieben wir es gerne auf andere und sagen:»Ich habe nichts gemacht!«

»Ich kann nichts dafür, dass meine Mathearbeit so schlecht war. Der Lehrer hat es uns nicht genau erklärt!« Das sagen wir, wenn wir nicht zugeben wollen, dass wir zu wenig aufgepasst oder nicht genug gelernt haben.

Beim Spielen im Garten ist es passiert – ich habe Blumen zertreten, sage aber zur Mutter:»Ich war es nicht; da waren heute noch mehrere Kinder zum Spielen da. Die haben das gemacht!«

Nicht immer habe ich Lust, daheim mitzuhelfen. Da sage ich dann:»Ich muss noch Hausaufgaben machen« oder»ich muss noch Vokabeln lernen.« Aber eigentlich habe ich keine Lust zu helfen.

»Ich kann nichts dafür, dass Mehmed vom Stefan verprügelt wurde. Hätte ich ihm vielleicht helfen sollen? Dann hätte Stefan mich bestimmt auch noch verprügelt.« So denken viele von uns und helfen deshalb nicht.

L.: Unschuldig verurteilt zu werden, sich nicht dagegen wehren zu können, das ist hart und tut weh. Das spüren wir selbst, wenn wir von anderen verurteilt werden. Jesus wurde unschuldig verurteilt, verleugnet und allein gelassen. Er kennt das und geht trotzdem diesen Weg. Wir begleiten Jesus auf seinem Kreuzweg. Wir zeichnen nun den Umriss eines Kindes auf und schneiden diesen Umriss aus. Gemeinsam überlegen wir dann, was wir Jesus jetzt sagen können und schreiben dieses auf.

KREATIVPHASE

L.: Wir haben darüber nachgedacht, wie es ist, unschuldig verurteilt zu werden, und wo wir andere verurteilen oder über sie urteilen. In solchen Situationen hilft es uns, wenn wir nicht allein gelassen werden, wenn jemand zu uns steht. Wir fertigen jetzt gemeinsam eine Collage an: Welchen Gruppen gegenüber haben wir ›Vorurteile‹? Wo verurteilen wir Menschen?

4. STATION: DAS KREUZ DES LEIDENS

Die vierte Gruppe befasst sich mit folgendem Text:

Der Weg nach Golgota

Das Verhör bei Pilatus war vorüber. Lange hatte Pilatur gezögert, Jesus zu verurteilen, weil er ihn für unschuldig hielt. Aber dann hatte er sich doch dem Druck der aufgehetzten Menge gebeugt. Er ließ Barabbas frei und befahl den Soldaten, Jesus zu kreuzigen.

Die Soldaten peitschten Jesus aus und quälten ihn grausam. Sagte man nicht von ihm, er sei ein König? Also warfen sie ihm ein Gewand über, das purpurrot gefärbt war wie die Gewänder der Könige. Einer flocht schnell eine Krone aus Ruten mit scharfen Dornen. Diese drückten sie ihm auf den Kopf. Dann knieten sie höhnisch vor ihm nieder und riefen: »Lang lebe der König!« und spuckten ihm ins Gesicht.

Es war Zeit, den Gefangenen zur Hinrichtungsstätte zu führen. Nach jüdischem Gesetz war diese vor den Toren der Stadt. So zog ein kleiner Zug in Richtung Golgota, das heißt übersetzt »Schädelhöhe«. Eine schreiende, spottende Menschenmenge folgte.

Von den Gefangenen erwartete man, dass sie das rohe Holzkreuz trugen, an dem sie aufgehängt werden sollten. Daher hatten die Soldaten auch Jesus den schweren Balken auf die Schulter gelegt. Aber Jesus war durch die langen Verhöre und das Auspeitschen geschwächt. Er konnte sich unter dem Gewicht kaum aufrecht halten.

Ein Mann namens Simon, der zum Passahfest nach Jerusalem gekommen war, kam ihnen entgegen.

»He, du da!«, rief der Hauptmann und hielt ihn am Arm fest.

»Trag das Kreuz für den Gefangenen, sonst kommen wir nie an unser Ziel!«

Simon war stark und breitschultrig. Vorsichtig hob er das Kreuz von Jesu wunden Schultern und lud es sich auf. Gemeinsam schritten sie den Rest des steinigen Weges nach Golgota. Oben auf dem Hügel wurde Jesus an das Kreuz genagelt. Dann richteten die Soldaten das Kreuz auf und rammten es in die Erde.

»Vater«, stöhnte Jesus, »vergib ihnen. Sie wissen nicht, was sie tun«.

L.: Auf diesem Kreuz steht das Wort Leiden. Jesus nimmt das Kreuz auf seine Schulter, nimmt Unrecht und Leid auf sich. Er wehrt sich nicht. Auf seinen wunden Schultern schleppt er das schwere Kreuz durch die Stadt. Drei Mal fällt Jesus unter der schweren Last des Kreuzes. Um die Menschen zu erlösen, nahm Jesus das Kreuz an. Er war bereit, die Last zu tragen, die ihm auferlegt wurde. Auch heute leiden unzählige Menschen: Sie sind einsam, krank und haben Schmerzen. Sie haben Hunger und keine Wohnung. Manche sind traurig und leiden, weil ein lieber Mensch gestorben ist.

Wo gibt es bei uns Menschen, die von einer Last niedergedrückt werden?

Welche Lasten können das sein?

Wer wird bei uns unterdrückt? In unserer Gesellschaft – in unserer Nachbarschaft – in der Schule?

Viele Menschen – Kinder und Erwachsene – leiden auf der ganzen Welt

– weil sie arm sind
– weil in ihrem Land Krieg herrscht
– weil sie arbeitslos sind
– weil sie nichts zu essen haben
– weil sie nicht anerkannt werden
– weil sie kein richtiges Zuhause haben
– weil sie keine Eltern haben
– weil sie schwer oder unheilbar krank sind ...

Jesus bricht unter der Last des schweren Kreuzes zusammen: Niedergeschlagen, bedrückt, ganz am Boden. Es gibt auch heute viele Menschen, die sagen:»Ich bin am Boden zerstört. Ich kann nicht mehr.« Niedergeschlagen sein, das kennen wir auch. Wie kann es dazu kommen?

Es gibt viele»bedrückende« Ereignisse, Belastungen, die unser Leben schwer machen:

eine falsche Verdächtigung
eine Beleidigung
Unverständnis
Schadenfreude

Missachtung

eine Enttäuschung

eine verpatzte Klassenarbeit

Hilflosigkeit

Krankheit

Sorge um einen lieben Menschen

Angst

In solchen Situationen fühlen wir uns traurig, weinen, warten vielleicht auf Anteilnahme, hoffen auf Trost und Hilfe. Es ist sehr bedrückend, in einer solchen Situation im Stich gelassen zu werden.

Simon hat Jesus geholfen, das schwere Kreuz zu tragen. Menschen brauchen einander; helfen heißt für den anderen da sein. Auch wir erfahren, dass wir die Hilfe anderer brauchen, dass wir unterstützt werden müssen, weiter zu kommen. Jeder hat schon Hilfe gebraucht. Und es gab Menschen, die geholfen haben:

– die für mich da waren, als ich Probleme hatte;

– die mir Mut gemacht haben, als etwas daneben ging;

– die bei mir waren, als ich große Angst hatte;

– die mir einen Rat gegeben haben, als ich nicht weiter wusste;

– die zugehört haben, als es mir nicht gut ging;

– die mir geduldig etwas erklärt haben, als ich etwas nicht verstand ...

Nicht immer sind Menschen bereit, andere zu stützen, ihnen zu helfen, wenn sie gebraucht werden. Auch wir sind nicht immer bereit zu helfen, aus welchen Gründen auch immer. Manchmal denken wir nur an uns. Manchmal sehen wir auch nicht, wenn unsere Hilfe gebraucht wird. Wer seine Augen verschließt, wer am anderen vorbeisieht, der kann auch seine Not, seine Sorgen nicht sehen.

L.: Offen sein für den anderen, trösten, wenn jemand fertiggemacht wird, wenn einer Angst hat, wenn einer einsam ist, das tut gut. Wir begleiten Jesus auf seinem Kreuzweg. Er weiß, was es heißt zu leiden. Jesus geht diesen Weg, er geht ihn auch mit uns. Wir zeichnen nun den Umriss eines Kindes auf und schneiden diesen Umriss aus. Gemeinsam überlegen wir dann, was wir Jesus jetzt sagen können und schreiben auf.

KREATIVPHASE

L.: Wir haben darüber nachgedacht, wie Jesus gelitten hat und wo Menschen heute noch leiden. Wir wollen versuchen, zu helfen, wenn wir gebraucht werden, Trost zu spenden, wo es nötig ist. Jetzt fertigen wir gemeinsam eine Collage zum Thema »Leiden« an.

5. STATION: DAS KREUZ DER EINSAMKEIT

Die fünfte Gruppe befasst sich mit folgendem Text:

Jesus am Kreuz
An der Hinrichtungsstätte warteten die Freunde Jesu. Hilflos mussten sie mit ansehen, wie Soldaten Jesus ans Kreuz nagelten, mit je einem Nagel durch Hände und Füße. Die Hammerschläge dröhnten, und Jesus schrie vor Schmerzen. Aber er betete zu Gott: »Vater. Vergib ihnen, denn sie wissen nicht, was sie tun!«

Dann wurde das Kreuz aufgestellt. Darunter saßen die Soldaten und teilten Jesu Kleider unter sich auf. Sie würfelten darum, wem sie gehören sollten. Als Jesus am Kreuz hing, verhöhnten ihn viele Menschen. »Soll er doch vom Kreuz herabsteigen, dann glauben wir an ihn!«, sagten die Hohenpriester spöttisch. Aber Jesus wollte Gottes Plan vollenden und antwortete ihnen nicht.

Jesu Freunde, vor allem die Frauen, standen nah beim Kreuz und hofften, ihr Anblick könnte ihn trösten. Sie blieben auch noch, als die meisten anderen Zuschauer schon gegangen waren. Jesu sah seine Mutter Maria und den Jünger Johannes. Er sagte zu den beiden: »Frau, nimm deinen Sohn. Sohn, nimm deine Mutter!« Da wussten beide, dass sie von jetzt an füreinander dasein und einander trösten sollten. Johannes begriff, dass Jesus noch ganz zuletzt in Liebe für seine Mutter sorgen wollte. Er hat später Maria in sein Haus aufgenommen und für sie gesorgt.

Jesus litt große Schmerzen. Er schrie: »Mein Gott, mein Gott, warum hast du mich verlassen?« Kurz darauf sagte er: »Ich habe Durst!« Da tauchten sie einen Schwamm in Essig und drückten ihn an seine Lippen.

143

L.: Auf diesem Kreuz steht das Wort Einsamkeit. Die Freunde Jesu sind aus Angst weggelaufen, sie haben Jesus allein gelassen. Die Soldaten haben ihm die Kleider vom Leib gerissen. Bloßgestellt vor der gaffenden und spottenden Menschenmenge hängt er am Kreuz.

Wir wissen, dass immer wieder Menschen bloßgestellt werden:
- Menschen werden blamiert
- fertig gemacht
- in Schwierigkeiten gebracht und ausgelacht

Manchmal gehören auch wir zu denen, die andere blamieren und sie heruntermachen. Manchmal spüren wir selbst, wie es ist, bloßgestellt zu werden, wenn sich andere über uns lustig machen. Das tut weh.

Wir wissen, dass Jesus unschuldig war. Aber er nahm in Kauf, dass seine Freunde ihn verließen, weil er auf seinen Vater vertraute. Er hing einsam am Kreuz, weil er die Menschen bis an sein Ende liebte. Am Kreuz ruft Jesus:»Mein Gott, mein Gott, warum hast du mich verlassen?« Er fühlt sich unendlich einsam.

Einsam sein, allein zu sein, das habt ihr sicher auch schon einmal erlebt. Wie ist das? Wie fühlt man sich dann? Wer mag erzählen?

Ich fühle mich einsam, wenn alle spielen und ich ausgeschlossen werde.

Ich fühle mich einsam und allein, wenn ich krank bin und keiner mich besucht.

Ich fühle mich einsam, wenn ich Angst habe und keiner mich versteht.

Ich fühle mich einsam, wenn andere mich verletzen und niemand hilft.

L.: Als Jesus den schweren Kreuzweg ging, standen am Rande viele neugierige Menschen. Einige hatten Mitleid mit Jesus. Sie bedauerten Jesus. Aber sie ahnten nicht, dass Jesus auch für sie litt. Jemanden bedauern hilft nicht. Erst wenn jemand hilft, wird der Leidende entlastet. Was hilft, wenn wir uns einsam und allein fühlen?
- wenn uns jemand besucht?
- wenn jemand mit uns spricht?
- wenn jemand Verständnis hat?
- wenn wir Zuwendung und Nähe erfahren?

Wie bei jedem Menschen, so kann es auch in unserem Leben Stunden geben, in denen wir uns von allen Menschen und sogar von Gott verlassen fühlen. Wir sind tieftraurig und sehen kein Licht. Es wird erst wieder heller, wenn Menschen uns zeigen, dass wir nicht allein sind, wenn uns Menschen auf unserem Weg – mit allen hellen und dunklen Stunden – begleiten. Wir begleiten Jesus auf seinem Kreuzweg. Wir zeichnen nun den Umriss eines Kindes auf und schneiden diesen Umriss aus. Gemeinsam überlegen wir dann, was wir Jesus jetzt sagen können und schreiben dieses auf.

KREATIVPHASE

L.: Jesu Freunde haben ihn verlassen. Manchmal lassen auch wir Menschen allein, nehmen sie nicht auf in unsere Gemeinschaft. So zimmern wir ihr Kreuz. Wir haben darüber nachgedacht, was es heißt, einsam zu sein. Jetzt fertigen wir gemeinsam eine Collage zum Thema »Einsamkeit« an.

6. STATION: DAS KREUZ DES TODES

Die sechste Gruppe befasst sich mit folgendem Text:

Jesus stirbt am Kreuz
Jesus hing lange am Kreuz. Es war schon Mittag. Die Sonne stand hoch am Himmel und brannte auf Jesus hernieder. Doch auf einmal verfinsterte sich die Sonne. Es war noch lange nicht Abend, und doch wurde es dunkel. Es war noch Tag, und doch sah es aus, als wäre es Nacht, so dunkel war es überall!
Die Menschen bekamen einen Schrecken. Keiner wagte mehr zu spotten. Es wurde ganz still auf Golgota.
Und in dieser Stille hing Jesus und litt große Not. Es schien, als wolle sein Vater im Himmel nichts mehr von ihm wissen. Alle seine Freunde waren fort, sie hatten ihn verlassen.
Hatte Gott ihn auch verlassen?

Jesus litt große Schmerzen. Er schrie:»Mein Gott, mein Gott, warum hast du mich verlassen?«Kurz darauf sagte er:»Ich habe Durst!«Da tauchten sie einen Schwamm in Essig und drückten ihn an seine Lippen. Wenig später flüsterte der Sterbende:»Es ist vollbracht. Vater, ich gebe meinen Geist in deine Hände!« Und er starb.

Als das ein römischer Hauptmann unter dem Kreuz sah, sagte er:»Dieser Mann war wirklich Gottes Sohn!«

Gesprächseinstieg

L.: Auf diesem Kreuz steht das Wort Tod. Wir alle werden einmal sterben. Der Tod gehört auch zu uns. Wir kennen nicht den Tag und nicht die Stunde. Wir wissen, dass Jesus seinen Tod auf sich nahm, weil er glaubte, dass sein Vater auch im Tod bei ihm sein würde. Er nahm den Tod an, weil er davon überzeugt war, dass die Liebe seines Vaters stärker ist als der Tod. Auch wir wissen, dass mit dem Tod nicht alles vorbei ist. Jesus ist auferstanden!

Was geschieht, wenn ein Mensch gestorben ist? Habt ihr schon einmal erlebt, wie ein lieber Mensch gestorben ist? ....

Ein Mensch, der gestorben ist, wird in einen Sarg gelegt. Dieser Sarg wird in die Erde hinabgesenkt und mit Erde bedeckt. Wenn der Sarg mit Erde bedeckt ist, werden Blumen und Kränze auf das Grab gelegt.»Ich möchte gar nicht an den Tod denken«, hat einmal ein Kind gesagt.»Ich möchte nicht so im Sarg liegen und mich nicht mehr bewegen können. Ich möchte nicht nichts sein. Ich habe Angst vor dem Tod. Vielleicht ist der Tod ja auch nicht wirklich.«

Aber der Tod ist wirklich. Der Mensch stirbt. Jeder Mensch stirbt. Und wenn jemand stirbt, dann trauern andere. Dann gibt es Leid, Schmerz, Weinen, Tränen. Und das ist gut so. Tränen dürfen fließen. Wir dürfen weinen. Das ist ganz natürlich. Um einen toten Menschen trauern, das ist sogar wichtig. Wir nehmen Abschied von ihm. Wir denken an ihn, wir erinnern uns an ihn, immer wieder. Noch ganz lange. In Gedanken sind wir oft bei ihm. Wir besuchen das Grab dieses Menschen auf dem Friedhof. Hier ruht er in Frieden. Manchmal wird gesagt:»Tod, das ist für immer einschlafen. Gott sorgt dann für einen!«

Viele aber sind beim Tod eines lieben Menschen untröstlich. Wenn die Mutter stirbt, der Vater, ein Bruder oder eine Schwester, ein lieber Freund. Das tut weh. Man muss viel weinen. Abschied nehmen schmerzt immer. Auch Jesus starb am Kreuz, wurde beerdigt – aber am dritten Tag ist er auferstanden von den Toten.

Gott hat Jesus nicht im Tod gelassen. Das gibt uns Hoffnung: Gott ist stärker als der Tod.

Weil Jesus vom Tod auferstand, sind auch wir in Gottes Hand.

Wir wissen es nicht, wie es sein wird ...

Kein Mensch ist je zurückgekommen und hat es uns gesagt.

Aber wir hoffen und glauben:

Gott lässt uns nicht allein.

Gott hält uns in seiner Hand.

Gott ist mit uns im Leben und im Tod.

Jesus ist für uns gestorben, weil er uns lieb hatte. Das hat er uns durch seinen Kreuzweg gezeigt. Wir begleiten Jesus auf seinem Kreuzweg. Wir zeichnen nun den Umriß eines Kindes auf und schneiden diesen Umriss aus. Gemeinsam überlegen wir dann, was wir Jesus jetzt sagen können und schreiben es auf.

KREATIVPHASE

L.: Jesus ist gekreuzigt, gestorben und begraben. Aber er ist auferstanden von den Toten. Am Ostermorgen hat er sich den Menschen gezeigt, die er lieb hatte. Wie Jesus werden auch wir auferstehen. Jesus geht auch mit uns den Weg durch den Tod zum Leben. Jetzt fertigen wir gemeinsam eine Collage zum Thema »Tod« an. Vielleicht können wir als Zeichen seiner Auferstehung ein Licht, eine Kerze, eine Sonne in den Mittelpunkt der Collage stellen.

PAUSE, ca. 30 Min.

Gemeinsames Abschlussfrühstück

IM PLENUM, ca. 30 Min.

L.: Jesus ist den Weg des Kreuzes gegangen. Er musste sein Kreuz tragen, er hat es getragen für uns. Jesu Leiden und unser Leiden gehören somit zusammen. Auch an unserem Lebensweg stehen Kreuze. Jeder von uns hat ein Kreuz, sein ganz persönliches Kreuz zu tragen. So sind wir mit Jesus verbunden.

Jesus ist gestorben und begraben worden. Wir wissen aber auch, dass mit dem Tod Jesu nicht alles aus war. Jesus hat den Tod besiegt, er ist auferstanden. Das Kreuz ist nicht das Ende! Das Kreuz ist Zeichen des Leides – aber auch zugleich Zeichen des Sieges über Tod und Leid, Zeichen der Auferstehung, die wir an Ostern feiern.

Gebet:
Guter Jesus!
Wir haben heute von deinem Leiden und Sterben gehört.
Du bist einen schweren Weg gegangen – den Weg bis an das Kreuz!
Aber du hast Hoffnung gehabt und Gott, deinem Vater, vertraut!
Du bist am dritten Tag auferstanden!
Durch deine Auferstehung haben wir Hoffnung und Zuversicht.
Wir vertrauen Gott, dass er auch uns in seinen Händen hält,
dass er seine Hand auf uns legt.
Lasst uns nun einander die Hände reichen,

Hände reichen!

als Zeichen des Friedens und der Versöhnung.
Danke sagen wir für diese schönen Kinderbibeltage
und bitten Gott, dass er uns mit seinem Segen in den kommenden Tagen,
da wir uns auf Ostern vorbereiten, begleite und beschütze!

Lied: *»Gott, dein guter Segen ...«*

Wortgottesdienst am Karfreitag

→ **Vorzubereiten:**
Teelichter

Im Mittelpunkt des Wortgottesdienstes stehen die Kreuze, die während der Kinderbibelwoche von den Kindern gestaltet wurden.

Während des Gottesdienstes werden Dias vom Kreuzweg gezeigt.
1. Kreuz der Angst
2. Kreuz des Krieges
3. Kreuz der Vorurteile
4. Kreuz des Leidens
5. Kreuz des Einsamkeit
6. Kreuz des Todes

Eingangslied: *Wo zwei oder drei (2 x)*

Einführung:

L.: Wo zwei oder drei in meinem Namen versammelt sind, da bin ich bei ihnen. Das hat Jesus uns versprochen. So ist er auch jetzt bei uns. Wir wollen heute Morgen zu Beginn unseres Gottesdienstes das Kreuzzeichen sehr aufmerksam machen. Im Namen des Vaters ...

Heute denken wir besonders daran, dass Jesus für uns Menschen gestorben ist. Wir erinnern uns an sein Leiden am Kreuz, wir bedenken aber gleichzeitig, dass auch Menschen heute leiden, dass wir selbst Leid zu tragen haben, dass wir ein Kreuz erdulden müssen. Jesu Leiden und unser Leiden gehören zusammen. Ebenso denken wir aber auch daran, dass wir manchmal am Kreuz anderer Menschen beteiligt sind. Darüber haben wir an unserem letzten Kinderbibeltag ganz intensiv nachgedacht.

Kyrie:

1. Kind:
Manchmal fühlen wir uns einsam und verlassen. Es tut gut, wenn dann jemand kommt, der ein Auge, ein Ohr und ein Herz für uns hat.

Herr, erbarme dich.   Alle: Herr, erbarme dich.

2. Kind:
Manchmal fühlen wir uns ausgestoßen und abgelehnt von anderen. Es tut gut, wenn dann jemand kommt, für den wir wichtig sind.

Christus, erbarme dich.   Alle: Christus, erbarme dich.

3. Kind:
Manchmal liegen wir enttäuscht und mutlos am Boden. Es tut gut, wenn dann jemand kommt, der uns aufrichtet, der uns hilft.

Herr, erbarme dich.   Alle: Herr, erbarme dich.

Lied: *Kommt, sagt es allen Leuten ...*

Katechese:

Text:
Jesus wusste, dass man ihn bald töten würde und ging in einen Garten, um zu beten. Seine Jünger schliefen jedoch ein. Später kam Judas und küsste Jesus. Das war das Zeichen für die Soldaten, die Jesus verhafteten. Die Jünger rannten weg.

Jesus wurde zu Pontius Pilatus, dem Herrscher über Judäa, geführt. »Bist du der König der Juden?«, fragte Pilatus. »Ja, das bin ich«, erwiderte Jesus. Pilatus sagte: »Dieser Mann hat nichts Falsches getan. Er darf nicht sterben.« Aber die Menge rief laut: »Kreuzige ihn!« Pilatus wollte nicht die Schuld am Tod Jesus tragen, aber er beugte sich dem Willen des Volkes. Jesus sollte getötet werden.

Die Soldaten setzten Jesus eine Dornenkrone auf und zwangen ihn, ein Holzkreuz bis zu einem Hügel vor der Stadt zu tragen. Auf das Kreuz schrieben sie: KÖNIG DER JUDEN. Dann wurde Jesus ans Kreuz genagelt. Rechts und links von ihm wurden zwei Diebe gekreuzigt. Maria, die Mutter Jesu, und sein Jünger Johannes standen am Fuß des Kreuzes. Jesus bat sie, sich umeinander zu kümmern.

In seinem großen Schmerz bat Jesus Gott darum, den Menschen zu vergeben, die seinen Tod geplant hatten. Dann wurde der Himmel pechschwarz und die Erde erbebte. Jesus stieß einen lauten Schrei aus und starb.

Einer der Soldaten, der alles beobachtet hatte, sagte: »Wahrlich, dieser Mann ist der Sohn Gottes gewesen.«[7]

Im Anschluss daran werden die Kreuze betrachtet.

1. KREUZ DER ANGST

Jesus betet am Ölberg

Jesus weiß, dass er sterben muss.

Am Abend geht er mit seinen Freunden zum Ölberg draußen vor der Stadt.

Er sagt zu ihnen: »Bleibt wach! Wartet auf mich! Ich will zu Gott beten!«

Dann betet Jesus zu Gott.

Er hat Angst. Er fühlt sich einsam und verlassen.

Er betet: »Vater, hilf mir! Du kannst alles! Aber was du willst, das soll geschehen. Nicht das, was ich will!«

Als Jesus zu seinen Freunden zurückkommt, schlafen alle.

Aber Judas ist nicht mehr bei ihnen.

Judas führt die Feinde zu Jesus.

Sie packen Jesus und nehmen ihn gefangen.

Sie schleppen ihn in die Stadt. Da laufen seine Freunde davon.

2. KREUZ DES KRIEGES

Jesus wird verhaftet
Soldaten und Knechte des Hohenpriesters stürmen heran.
Männer mit Schwertern und Knüppeln.
Judas zeigt ihnen den Weg und führt sie zu Jesus.
Er flüstert: »Bald werdet ihr ihn haben! Ich zeige euch, wer er ist.
Ich werde ihm einen Kuss geben.
Ihr müßt ihn festnehmen und abführen!«
Als Judas Jesus erblickt, läuft er auf ihn zu.
Er legt seine Arme um Jesus und küßt ihn.
Da packen die Männer Jesus und nehmen ihn fest.
Sie packen ihn wie einen Verbrecher.
Jesus sagt zu den Männern: »Müsst ihr wirklich mit Schwertern und
Knüppeln kommen und mich gefangen nehmen? Bin ich wirklich ein
Verbrecher? Ich war jeden Tag im Tempel und habe von Gott erzählt.
Da habt ihr mich nicht festgenommen!«
Wie ein Verbrecher wird Jesus abgeführt.
Und seine Freunde sind nach allen Seiten davongelaufen.

3. KREUZ DER VORURTEILE

Jesus wird verurteilt
Jetzt bringen sie Jesus zu Pilatus, dem Herrn des Landes.
Sie sagen: »Er will Gottes Sohn sein! Er will der König sein,
den Gott geschickt hat!«
Doch Pilatus will ihn nicht zum Tode verurteilen.
Er meint, dass Jesus kein Verbrecher ist.
Er sagt: »Der Mann hat nichts getan, womit er die Todesstrafe verdient!«
Dann sagt er: »Die Soldaten sollen ihn auspeitschen.
Danach lasse ich ihn frei!«
Die Feinde aber rufen: »Nein! Ans Kreuz mit ihm!
Ans Kreuz mit ihm! Lass Barabbas frei!«
Danach wagte es Pilatus nicht, Jesus freizulassen, obwohl er wusste,
dass Jesus unschuldig war.

Pilatus ist feige und hat Angst seine Meinung durchzusetzen.
So verkündete Pilatus: »Jesus wird ausgepeitscht.
Danach muss er am Kreuz sterben!«

4. KREUZ DES LEIDENS

Der Weg nach Golgota

»Ans Kreuz mit ihm!« hatten sie geschrien.
Sie haben aus dicken Stämmen ein Kreuz gebaut.
An dieses Kreuz wollen sie Jesus aufhängen.
Draußen vor der Stadt ist ein kleiner Hügel.
Dort werden alle Verbrecher hingebracht.
Dort müssen sie sterben. Der Hügel heißt Golgota.
Die Soldaten packen Jesus. Sie reichen ihm das schwere Holzkreuz.
»Trag dein Kreuz selber!«, sagen sie.
So trägt Jesus das schwere Kreuz.
Er trägt das Kreuz, an dem er sterben soll.
Viele Leute ziehen hinter Jesus her.
Jesus kann nicht mehr. Er fällt hin.
Er ist zu schwach, um das schwere Kreuz zu tragen.
Drei Mal stürzt er unter der Last des schweren Kreuzes.
Da packen die Soldaten einen kräftigen Mann namens Simon.
Er hilft Jesus, das schwere Kreuz zu tragen.

5. KREUZ DER EINSAMKEIT

Jesus am Kreuz
Oben auf dem Berg angekommen,
nageln die Soldaten Jesus an das Kreuz.
Er trägt eine Krone aus spitzen Dornen auf dem Kopf.
Jesus hat große Schmerzen.
Aber er betet zu Gott:
»Vater, verzeihe ihnen! Sie wissen nicht, was sie tun!«
Die Soldaten würfeln um seine Kleider und lachen ihn aus.
»Wenn er der König ist, so soll er doch vom Kreuz herabsteigen!«, spotten sie.
Dann gehen auch sie weg.
Nur seine Mutter Maria und sein Freund Johannes sind noch bei ihm.
Jesus ruft:»Mich dürstet!«
Und er bekommt einen Schwamm voll Essig gereicht.

6. KREUZ DES TODES

Jesus stirbt am Kreuz
Jesus hängt am Kreuz.
Gottes Sohn hängt am Kreuz.
Er hängt wie ein Verbrecher am Kreuz.
Es ist Mittag und die Sonne steht hoch am Himmel.
Und plötzlich wird es dunkel. Dunkel als wäre es Nacht – überall!
Die Menschen bekommen einen großen Schrecken.
Keiner wagt mehr zu spotten.
Es ist ganz still auf Golgota.
Jesus hat unsagbar große Schmerzen.
Noch einmal betet Jesus zu Gott:»Vater, nimm mich zu dir!«
Dann stirbt Jesus am Kreuz.

Stille

Lied: *Danke, dass du den Sohn gesendet ...*

Kreuzverehrung:

L.: Wir wollen nun das Kreuz verehren. Das Kreuz ist Zeichen des Leidens und des Todes, aber es ist ebenso Zeichen des Sieges. Jesus ist das Licht der Welt. Sein Licht erstrahlt in dunkler Nacht. Durch seinen Tod und seine Auferstehung macht er unser Leben hell. Dafür danken wir Jesus. Stellvertretend für alle bringen nun zunächst einmal die Kinder brennende Teelichter zum Kreuz. Jesus, der das Licht der Welt war, starb grausam am Kreuz. Wir vertrauen ihm auch in der Dunkelheit. Wir hoffen aber, dass bald das Licht der Auferstehung leuchtet und uns Hoffnung und Freude schenkt.

6 Kinder bringen nun, stellvertretend für alle, brennende Teelichter zum Kreuz und sprechen dabei folgende Sätze:

1. Kind:
Jesus, du Licht der Welt.
Ein Freund hat dich verraten.
Du aber hast sogar deinen Feinden vergeben.

2. Kind:
Jesus, du Licht der Welt.
Du wurdest gequält und verspottet.
Du aber hast dich nicht gewehrt.

3. Kind:
Jesus, du Licht der Welt.
Du hast das schwere Kreuz getragen.
Du hast unsere Schuld auf dich genommen.

4. Kind:
Jesus, du Licht der Welt.
Du hast große Angst gehabt.
Du hast gebetet und geschwiegen.

5. Kind:
Jesus, du Licht der Welt.
Du hast dein Leben für uns hingegeben.
Du bist unser Freund und Bruder.

6. Kind:
Jesus, du Licht der Welt.
Du wirst am dritten Tag auferstehen von den Toten.
Du bist unser Heiland und Retter.

L.:
Wir gehen nun nach vorne, beugen unsere Knie vor ihm. Wir wollen
Jesus damit sagen: Jesus, ich danke dir. Jesus, ich habe dich lieb.

Alle Kinder gehen nach vorne und beugen ihre Knie.

Fürbitten:

1. Kind:
Jesus, du bist allein in der Nacht. Du hast Angst. Du betest und sprichst
mit deinem Vater. Du sagst: Ich will den schweren Weg gehen.

Erwachsener:
Wir bitten dich:
Für alle Menschen, die ein Kreuz der Angst zu tragen haben: Angst vor
Arbeitslosigkeit, Angst, keinen Ausbildungsplatz zu bekommen, Angst
vor Krankheit, Angst vor zu hohen Erwartungen.
Jesus, du gekreuzigter Herr.

Alle: Wir bitten dich, erhöre uns.

2. Kind:
Jesus, du wirst gefangen genommen. Mit Schwertern und Knüppeln nehmen sie dich fest. Ein Freund hat dich verraten.

Erwachsener:
Wir bitten dich:
Für alle Menschen, die ein Kreuz des Krieges zu tragen haben: für alle Kinder, die unter den Streitigkeiten ihrer Eltern leiden; für alle Menschen, die Gewalt und Hass erfahren; für alle Menschen, die täglich hautnah in schrecklichen Kriegen um ihr Leben fürchten müssen.
Jesus, du gekreuzigter Herr.

Alle: Wir bitten dich, erhöre uns.

3. Kind:
Jesus, du wirst unschuldig verurteilt. Aus Feigheit verurteilt Pilatus dich zum Tod am Kreuz.

Erwachsener:
Wir bitten dich:
Für alle Menschen, die unter dem Kreuz der Vorurteile zu leiden haben: für alle Kinder und Jugendlichen, die ungerecht verurteilt werden, die von anderen ausgestoßen werden; für alle Menschen, die abgestempelt werden, weil sie anders sind als wir; für alle alten, kranken und behinderten Menschen.
Jesus, du gekreuzigter Herr.

Alle: Wir bitten dich, erhöre uns.

4. Kind:
Jesus, du wirst verspottet und ausgelacht. Du wirst angespuckt und musst das schwere Kreuz auf deine Schultern nehmen. Drei Mal fällst du unter der schweren Last des Kreuzes.

Erwachsener:
Wir bitten dich:
Für alle Menschen, die ein Kreuz des Leidens zu tragen haben: für die Menschen, die unter Hunger und Krankheit leiden, die Schmerzen haben; für die Menschen, die einsam und allein sind; die leiden, weil ein lieber Mensch gestorben ist.
Jesus, du gekreuzigter Herr.

Alle: Wir bitten dich, erhöre uns.

5. Kind:
Jesus, alle deine Freunde haben dich verlassen. Sie sind weggelaufen. Einsam hängst du am Kreuz. Die Menschen behandeln dich wie einen Verbrecher.

Erwachsener:
Wir bitten dich:
Für alle Menschen, die unter dem Kreuz der Einsamkeit leiden; für die alten Menschen, an die niemand mehr denkt; für die Kinder in den Heimen, die nur selten Besuch bekommen; für die Menschen, die auf der Straße leben und kein Dach über den Kopf haben.
Jesus, du gekreuzigter Herr.

Alle: Wir bitten dich, erhöre uns.

6. Kind:
Jesus, du hast viele Schmerzen. Du musst viel aushalten. Du sprichst mit deinem Vater und stirbst am Kreuz.

Erwachsener:
Wir bitten dich:
Für alle Menschen, die jetzt im Leben schon ein Kreuz des Todes zu tragen haben: für die Menschen, die keine Hoffnung mehr haben; für die Menschen, die kein Licht sehen können; für alle die verzweifeln. Wir bitten dich für all unsere Verstorbenen.
Jesus, du gekreuzigter Herr.

Alle: Wir bitten dich, erhöre uns.

Pr.: Jesus, wir wissen, dass du nicht im Tod geblieben bist, sondern auferweckt wurdest und für immer lebst. Dafür danken wir dir heute und
an allen Tagen bis in Ewigkeit.

Vater unser

Lied: *»Vergiß nicht zu danken ...«*

Entlassung:
Guter Gott, dein Sohn Jesus ist am Kreuz gestorben.
Viele Menschen damals waren sehr traurig darüber.
Auch wir sind traurig.
Das Kreuz ist aber nicht nur ein Zeichen des Todes,
es ist auch ein Zeichen des Lebens.
Jesus ist nach drei Tagen aus dem Grab gekommen –
er ist auferstanden – das feiern wir an Ostern.
Darauf freuen wir uns und dafür danken wir dir.

Segen

Stiller Auszug

Weitere Ideen und Modelle für Gruppenarbeit in der Gemeinde

Petra Focke

Ein ganzes KinderKirchenJahr

Ideen und Modelle für Gruppenarbeit in der Gemeinde

1999, 13,9 x 21,4 cm, 136 Seiten, Paperback.

ISBN 3-451-27010-9

Alle Kinder der Gemeinde werden eingeladen, die Zeiten und Feste des Kirchenjahres auf kreative Weise zu entdecken – in Gespräch und Spiel, in Meditation und Aktion, in Beten und Singen, in Malen und Basteln.

Dieses Praxisbuch ist voller Anregungen für ein buntes und spannendes KinderKirchenJahr. Erfolgreich erprobte Modelle für monatliche Gruppenstunden bieten eine klare Struktur, aber lassen gerade dadurch viel Raum für Spontaneität und eigene Beiträge für Kinder.

Was immer im Jahreslauf »dran« ist, kommt vor: Advent, Dreikönig, Ostern, Erntedank... Es geht um Glauben und Brauchtum, vor allem aber um eine kindgemäße Form religiösen Erlebens in der Gemeinschaft mit Gleichaltrigen. Die Modelle lassen sich nicht nur in der offenen Kinderpastoral, sondern auch in der Sakramentenvorbereitung oder in der Ministrantenstunde einsetzen. Der Einstieg ist jederzeit möglich.

In jeder Buchhandlung!

HERDER